強化 爆發力・敏捷
整體運動表現

運動員

增強式訓練
解剖精解

PLYOMETRIC ANATOMY

Your illustrated guide to explosive power

胸大肌
前三角肌
肱三頭肌

豎脊肌群:
棘肌
最長肌
髂肋肌
臀中肌
臀大肌

股四頭肌:
股直肌
股外側肌
股中間肌

腿後肌群:
股二頭肌
半膜肌
半腱肌

94 種訓練動作 + **78** 種進階變化
+ 防傷訓練與 3 套復健計畫

德瑞克韓森 Derek Hansen・史提夫康奈利 Steve Kennelly 著　　林晉利・萬明岳 譯

旗標
FLAG

facebook：優質運動健身書

作　　者／Derek Hansen, Steve Kennelly
翻譯著作人／旗標科技股份有限公司
發 行 所／旗標科技股份有限公司
　　　　　台北市杭州南路一段15-1號19樓
電　　話／(02)2396-3257(代表號)
傳　　真／(02)2321-2545
劃撥帳號／1332727-9
帳　　戶／旗標科技股份有限公司
監　　督／陳彥發
執行企劃／孫立德　　　封面設計／古鴻杰
執行編輯／孫立德　　　校　　對／孫立德
美術編輯／陳慧如

新台幣售價：500 元
西元 2024 年 8 月初版 7 刷
行政院新聞局核准登記-局版台業字第 4512 號
ISBN　978-986-312-587-7
版權所有‧翻印必究

譯者資歷

林晉利

◆ 國立體育大學
運動保健學系 /
研究所專任副教授

◆ 台灣拳擊武術有氧
體適能協會理事長

◆ 柔道黑帶四段

◆ 台灣運動保健協會理事長

◆ 台灣合格運動傷害防護師檢定官

◆ 美國運動醫學會體適能教練檢定官

◆ 美國肌力與體能訓練協會
CSCS 及 CPT 大中華區培訓講師

◆ 中華職籃戰神隊體能訓練師

◆ 曼谷亞運武術隊體能訓練師

萬明岳

◆ 清華大學學士及
體大碩士

◆ 肌力與體能訓練師

◆ 運動傷害防護師

◆ 武術專長

國家圖書館出版品預行編目資料

運動員增強式訓練解剖精解：強化爆發力、敏捷性、
整體運動表現 / Derek Hansen, Steve Kennelly 著；林晉
利, 萬明岳譯. -- 臺北市：旗標, 2019.02　面；　公分

ISBN 978-986-312-587-7(平裝)

1.運動訓練 2.體能訓練 3.肌肉

528.923　　　　　　　　　　　108000516

　　感謝我摯愛的家人無微不至的支持與耐心，謝謝我的太太 Carolyn 以及孩子 Callum、Bridgette 和 Hannah 的陪伴讓我能一直找到新方法來幫助別人。我也要感謝父母 Clarence 和 Carole 鼓勵我追隨自己的熱忱和給予最大的支持。當然如果沒有我的老師們的指導，也無法達到今天的地位去分享我的知識，感謝 Al Bermeil、Rob Panariello、Donald Chu、Al Miller、Joseph Horrigan 以及 Charlie Francis。

Derek Hansen

　　謝謝我的太太 Rita 和孩子 Ryan、Lia 和 Mary，謝謝他們無限的愛與支持，讓生活與熱忱得到完美平衡。

Steven Kennelly

目錄

動作索引　V

1 增強式訓練的生理機轉........................1

2 訓練進度、環境與器材........................9

3 基礎訓練動作........................25

4 雙側下肢增強式訓練動作................63

5 單側下肢增強式訓練動作................117

6 上肢增強式訓練動作........................149

7 核心肌群增強式訓練動作................191

8 增強式複合訓練動作........................211

9 防傷訓練與復健........................241

作者介紹　249

參考資料　250

動作索引

基礎訓練動作

蹲踞跳上跳箱 28
　箱跳單腳落 29
　負重箱跳 29
反向跳上跳箱 30
　反向跳上跳箱配合轉體落地 31
落地跳 32
　轉體落地跳 33
反向跳 34
　側向反向跳 35
直膝跳 36
　側向直膝跳 37
跳繩 38
　一跳二迴旋 39
開合跳 40
　星跳 41
立定跳遠 42
　搭配彈性阻力立定跳遠 43
跨步蹦跳 44
　側向蹦跳 45
抬腿跳 46
　爆發力抬腿跳 47
雙腳階跳 48
　單腳階跳 49
低中高度欄跳 50
　側向低欄跳 51
藥球胸推 52
　深蹲藥球胸推 53

過頭藥球前拋 54
　跨步過頭藥球前拋 55
藥球轉體拋投 56
　坐姿藥球轉體拋投 57
爆發性藥球前推 58
　爆發性藥球前推轉衝刺 59
過頭反向拋投 60
　爆發性低手前拋 61

下肢雙側增強式訓練動作

箱跳反應訓練 70
　碰觸箱跳反應訓練 71
轉體箱跳 72
　轉體箱跳單腳落 73
前後反向跳 74
　多方向反向跳躍 75
收腿跳 76
　側向與轉體收腿跳 77
踢臀跳 78
　側向踢臀跳 79
分腿跳 80
　分腿跳搭配藥球轉體 81
反向跳搭配收腿跳 82
反向跳搭配星跳 84
原地收腿跳搭配踢臀跳 86
直膝跳搭配收腿跳 88
連續跳遠 90
　連續跳遠搭配側向偏移 91

分腿前跳 92
　分腿後跳 93
立定跳遠搭配反向跳 94
收腿前跳搭配踢臀前跳 96
立定跳遠搭配反向側跳 98
高欄跳 100
　高欄跳搭配轉體動作或落地暫停 . . . 101
左右欄跳 102
　雙手舉球左右側跳 103
高低欄架組合跳 104
變向組合欄跳 106
落地跳強化離心肌力 108
　分腿落地跳 109
深跳上箱訓練 110
　深跳轉體上箱 111
深跳跨欄訓練 112
　深跳側向跨欄 113
原地反覆箱跳 114
　反覆箱跳單腳落 115

單側下肢增強式訓練動作

弓箭步接單腳箱跳 120
　站姿單腳箱跳 121
蹲屈蹦跳 122
　左右蹲屈蹦跳 123
直腿蹦跳 124
全速蹦跳 126
上坡蹦跳 128
　左右上坡蹦跳 129
左右蹦跳 130
卡里奧克蹦跳 132
欄架蹦跳 134
　側向欄架蹦跳 135

蹲屈單腳彈跳 136
全力單腳彈跳 138
　快速單腳彈跳 139
反向單腳彈跳 140
側向外展彈跳 142
　側向內收彈跳 143
二彈跳加一蹦跳 144
　三彈跳加三蹦跳 145
多方位彈跳 146
　前後彈跳蹦跳組合 147

上肢增強式訓練動作

離牆伏地挺身 154
　推箱伏地挺身 155
爆發伏地挺身 156
　爆發伏地挺身上跳箱 157
下墜伏地挺身 158
　跳箱下墜伏地挺身 159
連續反射伏地挺身 160
　窄距反射伏地挺身 161
伏地挺身拍手 162
　膝蓋著地伏地挺身拍手 163
單臂藥球傳球 164
　轉體單臂藥球傳球 165
單足立藥球傳球 166
　爆發性單足立傳球 167
反向跳藥球上推 168
　反向跳搭配反向跳上推 169
反向跳低手藥球上拋 170
　反向跳搭配低手藥球上拋 171
分腿藥球側拋 172
　跳分腿接側拋 173

側向單臂傳球 174
　弓箭步轉側向傳球 175
跪姿側向拋投 176
　跪姿轉體後傳 177
跪姿過頭拋投 178
　跪地搭配過頭拋投 179
側向轉體過頭拋投 180
　跪姿側向過頭拋投 181
側向投手拋投 182
　弓箭步投手拋投 183
藥球砸地訓練 184
　轉體藥球砸地 185
壺鈴盪壺 186
　單手盪壺 187
雙手推沙袋 188
　單手推沙袋 189

核心肌群增強式訓練動作

仰臥起坐藥球胸推 194
　過頭仰臥起坐胸推傳球 195
藥球手腳互傳兩頭起 196
　側腹手腳互傳兩頭 197
腹捲傳接球 198
　反應腹捲傳接球 199
坐姿藥球側拋 200
　腳掌離地坐姿側拋 201
坐姿變向藥球胸推 202
　坐姿轉體碰地傳球 203
背對背轉身傳球 204
　跪姿轉身傳球 205
地雷管轉體訓練 206
　跪姿地雷管轉體訓練 207

俯臥藥球前推 208
　藥球超人上舉 209

增強式複合訓練動作

反向跳搭配藥球前推 214
　連續反向跳搭配藥球前推 215
單腳彈跳搭配藥球前推 216
　連續單腳彈跳搭配藥球前推 217
欄跳搭配藥球前推 218
　多方向欄跳搭配藥球前推 219
反向跳搭配過頭反向拋投 220
　連續反向跳搭配反向過頭拋投 221
側向反向跳搭配轉體拋投 222
　側蹦跳搭配轉體拋投 223
藥球前推搭配衝刺 224
　以起跑預備姿勢作藥球前推搭配衝刺 . 225
反向過頭拋投搭配衝刺 226
　前跳反向拋投轉衝刺 227
轉體拋投搭配衝刺 228
　側向拋投搭配對向衝刺 229
連續跳遠搭配衝刺 230
　側向偏移跳遠搭配衝刺 231
蹦跳搭配衝刺 232
　側偏移蹦跳搭配衝刺 233
低欄跳搭配衝刺 234
　變向低欄跳搭配衝刺 235
高欄跳搭配衝刺 236
　高欄跳搭配衝刺外加負重背心或腰帶 . 237
側向欄跳搭配衝刺 238
　側向單腳欄跳搭配衝刺 239

前言

　　現階段在各個運動表現領域的運動科學與技術發展，多把重心放在鼓勵運動員、教練以及運動醫學專家，去追求更有效的訓練與監控方式。運動員不只要持續變得更快、更壯並且更有力，還需要能夠同時預防運動傷害。

　　對高層級運動員而言，保持韌性與健康是變強的關鍵，因為一旦錯失任何一次的訓練課表，都會讓運動員很難維持高水準的表現與進步。所以你在選擇、安排與整合訓練動作元素時更要特別注意，才能讓訓練有最好的反應與適應效果。

　　要讓運動表現進步依賴的並不是什麼神奇的特效藥，而是透過一個完整的訓練計畫，並在適當的時機安排適當的動作與對應的訓練量來達成。

　　最有效增進肌力、爆發力與速度的訓練方式包含徒手到簡單輔助的器材，然而多數的競技運動與一般體適能訓練都被大量的阻力訓練器材與速度訓練裝備所充斥，其實只要能善用自身體重與地心引力就可以滿足大部分需求。

　　在約莫半世紀以前，教練與運動科學專家，發展出一套透過爆發力動作來增進人體發力與作功能力的訓練系統，也就是現在泛稱的「增強式訓練」。增強式 (plyometrics) 一詞最早是由美國跑者同時也是教練的 Fred Wilt 在 1975 年所定義：plio 一字在希臘文中代表更多與更遠的意含，而 metric 一字則有量測的意思。透過字面或許很難理解增強式訓練的內容，但可以從訓練解剖的層面去理解增強式所包含的動作。

　　就實際生理機轉來說，增強式的動作主要是應用肌肉快速伸展的生理反應，這個生理反應也稱作「伸展收縮循環」或「牽張反射」。研究顯示肌肉在收縮前的快速預伸展，會讓接下來的收縮更快更有力，對肌力、爆發力與速度產生正向加成效果 (來自 Komi 1984；De Villarreal、Requena 以及 Newton 2010 的研究)。

　　舉例來說，籃球員在搶籃板的時候，會先降低身體重心下蹲後再全力跳起搶球 (圖 1)。同樣地，排球員在阻止對方殺球時，也會先做一個深蹲後全力跳起攔網。

人在做出爆發力動作之前都會有許多類似的蓄力與準備的反射動作。在高爾夫球的揮桿中，一定會先有一個向後延展作用肌群的動作，來增加向前揮擊的力量；棒球投手在本壘強傳之前也少不了先有手臂向後伸展的準備動作。顯然在許多運動項目中都可以看到增強式動作的存在，

圖 1 籃球員透過下蹲蓄力後，彈跳完成搶籃板動作

　有些情況下，運動員也要學習如何不依賴增強式動作來節省時間，比方田徑起跑動作或者游泳的跳水動作。在拳擊運動中花在預伸展的時間如果太長，出拳時就容易讓對方有防備。

增強式一詞在 1960 年後經常被用來描述增進運動表現的訓練系統，在許多訓練紀錄中，增強式訓練是由東歐國家包含俄羅斯的訓練體系中發展而來。根據俄羅斯教練以及運動科學專家的紀錄，他們採用增強式訓練的對象多以需要大量衝刺與跳躍動作的運動項目為主。

　　以動作特性來說，田徑運動的動作模式最接近伸展收縮循環的表現，跑步動作中尤其是衝刺 (圖 2) 可以被視為最純粹的增強式動作，伴隨腳掌在極短的時間內快速接觸地面，下肢從腳掌、小腿到大腿的肌群快速反覆地完成一次又一次的伸展收縮循環。

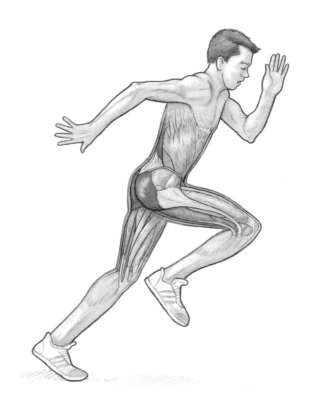

圖 2　快速衝刺是典型增強式動作的代表

田徑運動中許多彈跳動作也著重於在最後起跳前的踮步或跨步，來增加肌肉肌腱的張力去完成更有爆發力的跳躍增加距離或高度。田徑運動中的投擲項目如標槍、鐵餅或鉛球中也包含全身性的增強式動作來增加最後能擲出的距離。

因為許多田徑項目都包含有增強式動作，所以教練與運動員在日常訓練的課表中，自然要包含增強式訓練的元素 (Bompa 1993)。短跑選手需要完成不同距離的衝刺，跳遠跳高選手需要完成更有力的彈跳，擲部選手則要盡可能把東西擲遠，透過反覆訓練這些動作，運動員最終就會有更好的表現。

由於這些反覆增強式練習和運動表現的成果，讓教練們開始會在訓練課表中納入增強式的訓練元素，尤其當在非賽季或天候影響，讓運動員必須在室內作其他替代課表時派上用場。直到 60 年代末期，開始有運動科學專家研究增強式訓練的益處，並擬定能增進運動表現的訓練課表。

Yuri Verkhoshansky 是首位針對許多不同增強式跳躍動作比較，來找出最佳訓練課表的學者。Verkhoshansky (1973) 提出最具代表性的訓練動作，就是利用高低差跳落後馬上接著再次跳起的方式，去模擬運動員在賽場上實際會做出的爆發力動作。研究結果顯示每週兩次做 40 下高低差的深跳 (depth jump)，可以幫助運動員提升動態肌力以及速度。

接著越來越多的教練與學者認同實施增強式訓練的好處與效果，並開始擬定完整的訓練課表。在增強式訓練領域寫過許多文章與著作的知名學者 Donald Chu 博士 (1984) 認為增強式訓練可以作為爆發力與速度表現間的橋樑。他也指出增強式的動作除了本身的效益之外，完整的訓練系統更可以帶給運動員持續的進步。

增強式訓練在 70 年代最早被引入美國時，被視為是一種革命性的訓練方法（參考 Holcomb、Kleiner 和 Chu 1998 年的研究）。當然到了現代，增強式訓練已經是不分年齡項目的運動員，要訓練爆發力的重要指標。

增強式訓練對提升肌力、爆發力與速度的效果，已經得到各個領域訓練專家的認同（參考 Simenz、Dugan 和 Ebben 2005 年以及 Ebben、Carroll 和 Simenz 2004 年以及 Ebben、Hintz 和 Simenz 2005 年的研究）。除此之外，近期研究更指出增強式訓練也有助於耐力型運動員增加動作經濟性，提升長時間運動的表現(Spurs、Murphy 和 Watsford 在 2003 年以及 Saunders、Telford 和 Pune 2006 年的研究）。

本書整理出一系列可以有效幫助增進運動表現的增強式動作，並且精準描繪出每項運動會訓練到的肌群與相關組織後，去針對不同運動項目作整合。書中視覺呈現的許多圖示與解剖插圖，更可幫助了解運作的肌群避免過度訓練與運動傷害。雖然許多動作或許是依賴相同的肌群、肌腱或韌帶去傳遞力量完成爆發力動作，但不同動作之間在生物力學與實際執行的技巧上仍有細微差異，這些差異造就了不同的訓練效果以及可能潛在的傷害風險。

本書用顏色的深淺來標示各個增強式動作中的主要肌群以及次要的輔助肌群，深色表示該肌群為動作的主動肌群；淺色則表示為輔助肌群：

本書闡明增強式訓練背後的原理與生理效果，並且將動作劃分出難易度，動作進程井然有序，由初階訓練動作到進階動作增加強度與複雜度。動作範圍由上肢到下肢訓練，並且同時兼顧核心發展。

針對有一定程度的運動員，我們也提供複合式的訓練動作來符合賽場上所需的動作表現。就如同 Yuri Verkhoshansky (1969 年) 所建議的：在安排肌力與爆發力訓練時，必須盡可能考量到整體功能性的進步。本書也針對運動傷害的預防與復健，提供相關的增強式訓練動作與檢測方法。本書在視覺呈現上的特點，可以做為在增進運動表現與預防運動傷害的一大利器。

增強式訓練的
生理機轉

　　增強式動作可以在生活中許多時候被用到，不管是在古代為了求生，或者現代為了追求更好的運動表現，增強式動作不外乎就是對抗並且運用地心引力的動作。內容集結了跳躍、衝刺與投擲的動作，反應出競技運動本身一大目的在於需要克服重力、慣性甚至自身體重來產生更大的力量。

　　在這個看似單純的目的背後，增強式動作的生理機轉其實包含一連串的神經肌肉協調，以及協同肌群準確作用才能有最大的效果，所以在執行增強式訓練之前有必要先了解各個動作主要作用肌群，以及對應的解剖概念讓訓練更有效益。

1.1　增強式動作中肌群的運作

　　在增強式動作中最經典的例子之一便是跑步的步態循環。當跑者腳掌著地時，幫助推進的相關肌群在這一瞬間開始，因為體重被重力牽引向下而伸展拉長，但這時候處於離心收縮的臀部與腿部肌群，會開始避免這些肌群被過度伸展使身體動作崩解。

　　這些離心收縮的肌群除了避免身體重心過度下墜，也同時幫助緩衝著地所產生的衝擊，這時候的離心收縮由腿部到髖部，並且由核心肌群扮演另一個緩衝衝擊的角色，避免骨骼與其他器官組織承受過多力量。

1

根據有關跳躍及跑步落地衝擊的研究顯示，離心收縮的肌群可以比正常狀態下多承受 40% 的力量 (Chu 和 Myer 2013 年研究)，如果人體沒有上述這些緩衝機制，那所有的跳躍與衝刺動作都會造成身體極大負擔，導致嚴重傷害。

一旦肌肉透過離心收縮停止身體下墜並吸收衝力後，接著會進入一小段時間肌肉維持相同長度，在這一小段時間內，下肢的關節（如踝關節與膝關節）也會暫時固定不做伸展或屈曲。

當肌肉在一定的張力下維持長度不變，也就是進入等長收縮的情況下，不論在跑步步態或者其他類似的增強式動作中，等長收縮的時間都非常短暫，並且代表肌肉開始準備由伸長轉向縮短。跑者在腳掌落地時，離心收縮吸收衝擊最終會再一次向心收縮推蹬進入騰空期，在兩者之間的短暫等長收縮作為一個過渡期，對於接下來的增強式動作中能產生多少力量是相當關鍵的因素。

一旦肌肉的伸展開始減緩到停止，接著轉向開始縮短去產生強而有力的動作，這就是所謂的向心收縮，這時候的向心收縮就是增強式動作的成果，在跑步的步態中就是產生推蹬期的力量，並且讓運動員進入騰空期。向心動作也會在一個跳高選手最後一步起跳以及籃球選手上籃前的最後一步中發生，也發生在棒球投手向本壘強傳時舉起手臂向前揮動的動作。

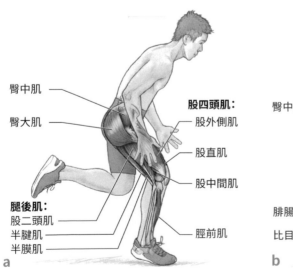
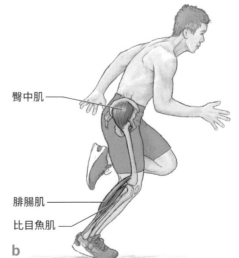

圖 1.1　跑步步態週期

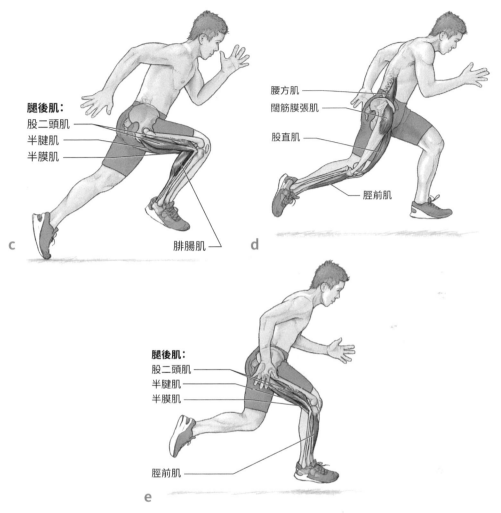

腿後肌：
股二頭肌
半腱肌
半膜肌

腓腸肌

c

腰方肌
闊筋膜張肌

股直肌

脛前肌

d

腿後肌：
股二頭肌
半腱肌
半膜肌

脛前肌

e

圖 1.1　續前頁

　　在多數情況下向心收縮動是運動中最被重視的一部分：無論是往上起跳，向前投擲或者一記可以擊倒對方的重拳，然而強而有力的向心收縮是來自於整體增強式動作的過程中，每個時期肌肉都能準確作用。圖 1 顯示出在跑步的步態中各個時期所有肌群的活化情形。

　　同樣地，從離心、等長到向心這一連串的過程也發生在其他許多運動中，這樣的分期也被稱作預負荷 (loading)、緩衝耦合 (coupling) 以及釋放負荷 (unloading)。

對教練及運動員來說，理解構成增強式動作的每個元素，更能精準運用來增進運動表現。依照不同運動項目動作所需要的關節角度以及發力的肌群，來選擇適合的訓練動作。有經驗的教練會在適當的時期安排適當的訓練動作，以安全穩定的方式讓運動員提升表現，並且在比賽時達到巔峰狀態。

1.2 伸展收縮循環

增強式訓練的動作可以透過由一連串肌肉運作、神經徵召，以及相連結締組織的彈性位能所構成的伸展收縮循環 (SSC) 來得到更完整的解釋。當肌肉肌腱複合體被快速伸長時，神經系統會反射性的徵召大部分的肌纖維去做收縮，產生反向更大的力 (Komi 1984)。

而肌肉肌腱複合體是透過在肌纖維中特化的肌梭作為感覺受器，去偵測肌肉長度變化，如圖 1.2，特化的肌梭纖維同時偵測肌肉長度以及肌肉被拉長的速度，並且誘發強力的向心收縮反射。這種收縮反射讓運動在執行爆發力動作時，不需要刻意多做思考。

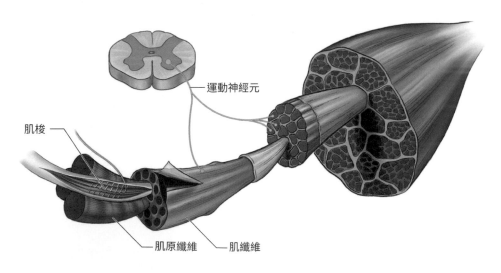

運動神經元

肌梭

肌原纖維　　肌纖維

圖 1.2　肌腹中的肌梭纖維

而伸展收縮循環因為具備預先儲存能量的特性，也曾被稱作伸展反射 (stretch reflex)、肌腱彈性位能 (tendon elasticity)、預活化 (preactivation) 或增能 (potentiation) (Fukuyama、Kurihara 和 Isaka 2015)，這些都是在伸展收縮循環的研究中，廣被討論但尚未有定論的特性 (Komi 2000)。

伸展反射，又被稱作牽張反射，是伸展收縮循環在增強式動作中，能產生力量的機轉之一。完整力量的來源有部分來自肌肉肌腱本身具備的彈力特性，像彈力帶一樣可以透過拉長來儲存彈性位能。而大部分的力量，則來自肌纖維因為伸展反射所引起的強力向心收縮。

事實上，研究顯示快速的肌肉伸展會誘發快縮肌纖維的活化，並且減低慢縮肌纖維的活化 (Nardone 和 Schiepati 1998)。在許多物理治療診所中，會用小的橡膠槌來誘發伸展反射，輕敲正常人的髕腱會誘發股四頭肌收縮讓膝關節伸展，透過肌梭像脊索以約每秒 100 公尺的速度傳遞肌肉長度變化的訊號，去誘發股四頭肌的收縮反射 (Radcliffe 和 Farentinos 1985)。

當然伸展反射的主要目的，是透過偵測肌肉長度來避免肌肉被過度伸展而導致拉傷。但在增強式動作中，因為肌肉在短時間內完成伸展到收縮的過程，因此預先被伸展的長度並不會導致過度伸展而受傷，所以即使伸展反射原本是作為人體保護肌肉的安全措施，卻可以進一步被教練與運動科學專家用來作為增強式訓練的機轉增進運動表現。

運動科學專家常用緩衝期 (amortization phase) 或轉化期 (transition phase) 去描述增強式動作中，肌肉從開始離心收縮到準備向心收縮之前儲存能量的時期，也就是運動員在執行如跳躍等爆發力動作前的準備期。以跳遠為例，緩衝期就是在運動員最後一跳時，腳掌接觸到起跳板開始做離心收縮，並且身體重心沿著腳掌轉移到轉為向心動作起跳前的這段時間。

對跳高或跳遠選手來說，如果緩衝期拖延的越久，跳躍動作的爆發力就會顯著降低，過長的緩衝期不只會浪費掉原本預先伸展的彈性位能，也會減少伸展反射的誘發以及向心收縮的力量，所以運動員要加強增強式動作的表現，就必須先縮短緩衝期的時間 (Wilson、Elliott 和 Wood 1991)，因此在緩衝期的力量大小，會影響最後向心收縮所能產生的總力，特別對頂尖運動員更為關鍵。

1.3 肌肉與肌腱的特性

肌梭纖維扮演在肌纖維中最主要的感覺受器，來誘發強力的向心收縮完成增強式動作，而另一個存在於肌肉肌腱複合體的感覺受器就是高爾基腱器 (圖 1.3)。

高爾基腱器是位於肌腱中特化的牽張受器，當感受到肌腱受到強力的伸展時，會轉化訊號至脊索誘發對收縮肌肉的抑制反應，也就是說，高爾基腱器是避免肌肉張力過高造成傷害的保險機制。這樣的安全反射機制就好比當人從一定的高度跳落並衝向地面時，往往在落地的瞬間會自然接一個滾翻，來避免完全靠下肢的肌肉去承受過大的衝擊。

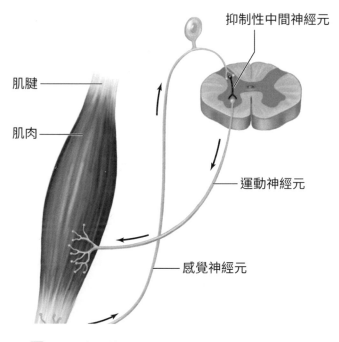

圖 1.3　高爾基腱器

在編排增強式訓練課表時，必須要把這些人體本身具備的反射機制也納入考量，特別是在執行有高低落差的跳落訓練動作時。比方說如果從中等高度的跳箱跳落所產生的衝力，足以產生適度的離心收縮刺激肌梭產生強力的向心收縮，但如果從過高的跳箱跳落，過大的衝擊反而會刺激高爾基腱器產生抑制反射，而中斷接下來肌肉的向心收縮。

這些感覺反應機制是誘發增強式動作中爆發性收縮的關鍵，而動作則來自於肌肉組織中所有的收縮元件。肌肉組織中產生力量的基本單位，就是分別由肌動蛋白與肌凝蛋白所構成的細肌絲與粗肌絲，粗肌絲與細肌絲一起構成單一條肌纖維中的基本單位也就是肌原纖維。

肌纖維平行束狀排列構成肌束並形成有收縮功能的骨骼肌。在微觀的角度下，肌肉的收縮是由粗肌絲與細肌絲之間形成橫橋並作出相對的滑動，細肌絲沿著粗肌絲透過橫橋反覆鍵結與分離的循環，去做出滑動 (Spudich 2010)。

特別的是，當肌肉在活化的狀態下預先被拉長時，之後所產生的等長收縮肌力，會比正常由靜止狀態下開始的等長收縮肌力更大 (Abbott 和 Aubert 1952；Rassier 等 2003)。研究顯示這種肌力上升與勁度 (stiffness) 的增加和橫橋原理有關：預伸展後的肌肉在收縮時，可以產生比正常等長收縮下更多的橫橋鍵結，進而有更大的力量 (Herzog 和 Leonard 2000)。

除此之外，影響肌肉爆發力表現的要素還有組織本身的彈性成分，這一連串的彈性成分、肌纖維以及粗肌絲和細肌絲之間的橫橋，和肌腱等彈性組織串連成一線。這樣的彈性串聯如果在肌肉收縮的情況下被伸展，就會如同彈簧或彈力帶一樣俱備儲存彈力位能的特性 (Hill 1950)。

如同前面所提到的情形，如果增強式動作中緩衝期的時間過長，原本儲存在彈性串聯中的彈性位能會以熱能的形式散失，離心的效果就不顯著 (Cavagna 1997)，而研究顯示對增強式動作的成果來說，預先符合的大小會比預先伸展的程度更為關鍵 (Bosco 和 Komi 1979)。所以在執行增強式訓練時，要確保預負荷和彈性串聯成分的預伸展，必須迅速完成才能有更好的爆發力表現。

1.4 中樞神經系統

雖然增強式動作是由上述的橫橋原理，以及彈性串聯配合肌肉收縮所產生的結果，但這些「硬體」機制都需要靠神經性的「軟體」機制來驅動，因為爆發力動作需要在短時間內徵召所有可用的肌纖維參與動作，因此神經系統的參與絕對不可或缺。

不管肌肉本身的大小，如果沒有來自腦部和脊髓（中樞神經系統）的訊號控制，這些肌肉也無法完全發揮最大收縮去完成爆發力動作。神經系統對肌肉肌力、爆發力及速度的發展，最具代表性的例子就是訓練學中交互訓練的效果 (cross education)，尤其在單側肢體傷後復健時最顯著。研究顯示針對健側肢體作自主肌力訓練，也會同時提升傷側肢體 10% 到 15% 的肌力表現 (Enoka 1997)。許多人會覺得訓練更壯更大的肌肉可以幫助提升力量、爆發力與速度表現，但也千萬不可忽略神經系統在增強式訓練中的適應性。

只要是和速度、爆發力或最大肌力有關的動作，不論是跳躍或是投擲，在每下動作間都必須確保足夠的恢復時間，才能在訓練或比賽中都能全力發揮。在執行增強式訓練時讓運動員有充足恢復與準備，會比疲勞狀態有更好的表現。研究顯示在單次伸展收縮循環訓練的疲勞後需要至少 5 分鐘的恢復時間，才有可能再次回到相同或接近的運動表現 (Comyns、Harrison 和 Hennessy 2011)。現代利用力板或感應地墊搭配落地跳 (drop jump)，來測量運動員中樞與週邊疲勞程度，以及伸展收縮循環的恢復與準備程度，已經是相當常見的作法。

接下來的章節會詳述各種漸進式的訓練動作與搭配器材的使用方式。你也可以找到適合在全身性肌力、爆發力和速度訓練前執行的基本訓練動作，這些基本動作是奠定之後進階與複合式動作的基石。

所有的動作皆配合詳盡的解剖圖示，說明爆發力動作的執行方法，理解每個動作運用的肌群與相關組織，可以幫助運動員不只了解動作的執行技巧，更可以準確的在訓練中暖身、緩和或恢復等不同時期搭配適合的動作。

2

訓練進度、環境與器材

　　要介入增強式訓練計畫絕對會是個挑戰，事前的計畫與準備才能把適合的增強式訓練動作融入完整的訓練中。因為增強式動作本身的爆發與技巧特性，必須以漸進難度的方式提高效益與安全，即使增強式訓練對肌力、爆發力與速度的幫助已經得到證實，在實際執行上還是需要特別留意動作的效益，以及每組與每次訓練間要有充足的恢復時間。動作選擇、訓練量、訓練環境以及訓練器材，都是在介入增強式訓練前必須考量的要點。

2.1　初步準備

　　有些研究認為運動員必須先具備一定程度的深蹲力量，才可執行增強式訓練。一般而言會預期在執行爆發力跳躍的訓練動作前，要能夠做到至少 1.5 倍體重的深蹲動作，背後的原因是考量到運動員需要一定程度的下肢力量，來確保動態的增強式動作可以安全執行。

　　保守的說法是認為肌肉肌腱需要先具備足夠強度才能承受爆發力動作的衝擊，雖然直接訂出一個安全的力量體重比例相對方便，但其實還有很多方式可以作為增強式訓練的前置作業。事實上在許多兒童訓練中以遊戲的方式帶入的衝刺、跨越或彈跳等動作，就可以算是正式導入增強式訓練前的準備方式。除此之外，增強式的動作其實本來就已經蘊含在許多運動項目中，特別是像籃球和排球等項目，當運動員在比賽或練習時，無形中已經訓練到部分增強式動作的能力。

最簡單介入增強式訓練的方法（特別是對完全沒有訓練經驗的新手），就是選擇性的簡化與提高增強式動作的安全性。比方說在導入增強式訓練前的前置階段，通常會先限制落地與離心收縮的程度。此外也要考量增強式訓練的環境，較軟的地墊或草皮或許會減低伸展反射的效果，但卻可以保護初學者免於過大的衝擊力。

隨著訓練計畫與運動員肌力的進展，在慢慢回到較硬的地面與動態性的跳躍動作去誘發完整伸展反射並模擬賽場的環境。在訓練動作、訓練環境與器材的漸進性，可以讓表現持續進步並且提高安全性。

以正規的標準程序來說，在執行任何中高強度的訓練處方之前，都建議要有全方位的醫學檢查，了解運動員的傷病史以及可能潛在的受傷風險或生理素質，均有助於建立更安全有效的訓練進度。比方說如果你有膝蓋方面或下背痛的病史，那你應該先採取低強度的訓練與更保守的漸進課表，避免誘發疼痛或造成更嚴重的傷害。

2.2 動作的漸進方式

在適當的時間點介入正確的訓練動作，是整個訓練計畫的關鍵，介入的訓練量必須可以正向的刺激表現進步，同時不會造成過度訓練導致受傷。如果訓練的目標是讓運動員在最終可以完成爆發性的增強式跳躍動作，那導入訓練的初期要避免過於複雜或負荷過高的動作，但同時在訓練初期對運動員的刺激，也必須足以讓運動員進展到下個訓練週期。

其中最基礎的運動之一就是跳上跳箱或平台的訓練動作，可以強化彈跳中向心收縮的階段，同時訓練到髖關節、膝關節與踝關節的爆發性伸展（又稱作三關節伸展），並且可以避免落地時的強力衝擊。理想的跳箱高度大約略低於運動員起跳的最高高度，這樣一來運動員可以全力完成跳躍後，再開始下墜的時候落到箱上減低衝擊。

剛開始訓練時，你可以試著固定在不同深度的深蹲姿勢後跳上跳箱或平台（如圖 2.1)。剛開始可以先從膝蓋微彎的程度，快速跳上較低或中等高度的跳箱，之

圖 2.1　固定姿勢下跳上跳箱 (a) 膝蓋微彎 (b) 深蹲姿勢

後可以蹲的更深，試著更用力地跳上跳箱。這兩種情況都是訓練你在不同角度下，單純只依賴快速向心收縮的能量，還不需要有預先離心的動作。

　　當你掌握好固定姿勢跳上跳箱的動作後，就可以改用反向跳的方式 (countermovement jump)，透過起跳前預先快速下蹲的動作，誘發伸展收縮循環來讓起跳的力量更大，跳到最大高度後同樣是輕輕落到跳箱上方。

　　另外一種適用於訓練初期的跳躍方式，就是在泳池內進行訓練。水本身的阻力可以增加向心收縮跳躍的負荷，但同時水中的浮力可以緩衝落地的衝擊。通常水深及胸的深度，就很適合訓練跳躍來增進肌力與爆發力。

　　先從最基本的蹲踞跳開始，一次跳一下，專注於動作姿勢、跳躍技巧及落地策略的熟練，在經過幾次訓練後可以開始改成連續跳躍的方式，帶入增強式動作的概念。泳池的環境也可以同時作向前跳遠的動作。水的阻力會考驗運動員落地時的平衡能力，水中的保護特性除了適合訓練初期幫助學習增強式動作，作為傷後復健與回場訓練也很適用。

　　當肌力和爆發力隨著初期的向心訓練，和中等強度的落地策略進步後，接下來就可以加強落地強度的考驗。跳上跳箱的訓練方式，可以在接續到由跳箱上跳落同時整合向心收縮能力與落地策略的訓練。

對運動員來說，除了做好跳躍離地的動作，也必須同時有安全落地的能力。透過蹲踞跳跳上跳箱的動作，可以專項中跳躍動作各方面的需求；但在落地策略方面，就必須兼顧到透過多個關節以及多種肌群，去吸收落地衝擊讓身體安全減速。

一旦掌握好落地技巧後，就可以進階到連續跳躍的動作，比方說連續蹲踞跳上跳箱，剛開始不需要跳得太高，先專注在緩衝與下降落地再轉上升的階段，這種低強度的跳躍訓練可以同時達到一定程度的訓練刺激，以及在低強度的情況下先掌握好跳躍的技巧與時間點。隨著課表進展，高低差的跳躍訓練可以提高高度或縮短觸地時間來增加挑戰性。

隨著課表漸進，可以在低強度的高低差跳躍中再加入跳遠的動作，增加水平面移動的元素。水平移動增加整體動作的複雜性，並且增加身體在另一個方向上的適應，如同高低差跳躍的課表，初期一樣可以先從低強度的跳遠去適應，再接著每週漸進一點高度或距離。比方說你可以先安排高度較低且每下不超過 30 公分的短距離跳躍，完成 5-10 公尺的連續跳躍去作水平方向的初步適應，之後再漸進到每下 50 公分的距離並同時增加高度，同時訓練水平與垂直方向的力量。

另外一個在增強式動作執行上的變項，就是單腳與雙腳跳躍的差別。正常來說雙腳的動作相對單腳對骨骼肌肉負擔較小且動作相對簡單。單腳動作會額外考驗運動員的本體感覺能力，要能穩定控制髖關節與踝關節才能安全落地。

單腳跳躍的動作除了可以幫助需要單腳起跳的運動項目外，也有助於需要切入動作或改變方向能力的項目提升敏捷性，所以合理的進程是初期先介入雙腳的跳躍動作，再整合單腳的動作去強化肌力、穩定性與技巧。很多時候由雙腳跳躍進階到單腳跳躍的過程，也代表訓練目的逐漸由強化基本能力，到個別運動專項性的加強。

當你進階到全力跳遠的動作時，便透過增加距離來提升強度，剛開始你可以用 5-7 下的跳躍去完成 10 公尺的距離作為一組，也可以試著同時增加垂直與水平的跳躍，進階到 20-30 公尺為一組的距離。但在增加水平距離與垂直高度時要特別留意，因為在做反覆次組數較高的跳躍訓練時，會快速累積壓力導致疲勞，可能會有潛在的受傷風險，因此要特別注意訓練漸進性。

在做反覆跳躍訓練時，配合一定高度的欄架可以提供運動員每次跳躍的目標，理想的高度是剛好能讓運動員盡全力跳躍，但又不會讓運動員絆到或跌倒。運動員通常也會比較偏好有欄架的狀態下作增強式訓練，可以有跳過之後的成就感，並且能知道自己跳過的高度。

較低的小欄架可以用來作運動團體的訓練，尤其是如果運動員彼此間彈跳能力有落差時，爆發力較差的運動員一樣可以安全跳過小欄架，爆發力好的運動員則可以試著盡可能每下都跳高來要求自己，達到團體訓練的效率。

深跳 (depth jump) 是運用特定高度的跳箱，來刺激伸展收縮循環的動作。作深跳動作時，你站在中低高度的跳箱並跨出腳步讓身體自然下落，接觸地面後馬上接著反方向全力跳起到空中。深跳動作可以配合接著再跳上一個較高的跳箱或者一個較高的欄架，要確保深跳的落地動作要固定一致，並且盡可能縮短觸地時間快速反向跳起。深跳在接觸地面的瞬間對下肢骨骼肌肉的負擔較大，尤其當跳箱高度較高的時候。

在多數情況下，因為深跳衝擊較大，運動員通常用兩腳落地起跳比較安全。如果要執行單腳深跳的訓練，就要降低跳箱高度，讓運動員在維持較短觸地時間的狀態下一樣完成動作，並且降低受傷風險。以訓練的進度來說，深跳最好是能安排在初期基本訓練的後段再執行，先讓運動員透過其他基本增強式動作及重量訓練，累積一定程度的肌力與爆發力再來做深跳訓練。

掌握基本動作後，可以透過欄架和跳箱的組合，去編排複合式的跳躍動作增加難度與趣味性。可以透過各種平台與垂直障礙去安排動線，例如深跳下跳箱後馬上跳過欄架或者再跳上跳箱，跳箱與欄架高度必須要巧妙謹慎的選擇，讓運動員可以全力跳躍卻又不會累積太多負擔或疲勞。

如同其他增強式訓練流程一樣，課表的重點不是要讓運動員疲憊，而是要盡可能刺激伸展收縮循環的運用。高品質的增強式訓練，才可以讓運動員正向適應去發展更強的爆發力與速度。

圖 2.2 說明各種增強式動作所搭配的進度與漸進性的概念，在訓練初期主要以低負荷與相對單一的動作先建立基礎肌力、爆發力與協調才能應對下個階段。每個運動員進度的考量依據不外乎年齡、能力、訓練經驗、體重與現階段的肌力狀態，如果一個小於 10 歲的運動員，可能只需要在整個訓練期完成圖中最初的幾個基本動作，先以建立基礎能力和預防傷害為主，但一個年紀較長或較資深的運動員的進度相對較快，可能需要在幾個週期內介入多種訓練動作來提高全面性的能力，

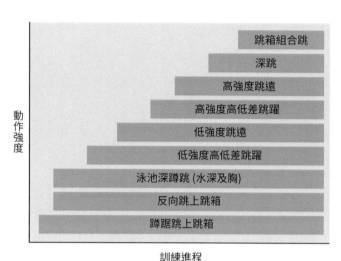

圖 2.2　　一個訓練週期中增強式動作的漸進流程

　　又好比如果運動員較為高大且體重較重，那他的訓練可能就要避免障礙跳 (hurdle jump) 或者深跳 (depth jump) 降低受傷風險。因此一個 350 磅的美式足球前鋒和一個 175 磅的籃球得分後衛，即使有相同的年紀與競賽層級，所需要的增強式課表也會大有不同，好的增強式課表都是必須經過個別化的考量，才能安全有效的執行。

　　雖然大多數的增強式跳躍動作多以直線方向前進，但也可以透過加入旋轉動作或側跳來增加訓練複雜程度。比方說執行蹲踞跳或反向跳上跳箱時，可以搭配任一方向的 90 度旋轉後再落到箱上，也可以在其他高低差跳躍或跳遠動作上配合旋轉動作，結合旋轉與側跳動作，可以提升運動員整體協調以及在不同方向的落地能力。

2.3 訓練環境

增強式訓練要能同時滿足訓練的特殊性以及傷害預防的效果，在訓練環境的選擇就很關鍵，環境條件必須能適合執行跳躍以及其他爆發力動作，地面的硬度會影響增強式動作緩衝期中觸地時間的長短。

較軟的地面會相對硬地增加動作觸地的時間，舉比較極端的例子就是當一個人在彈簧床上作彈跳時，身體通常會繃直來吸收彈簧的助力，身體繃直的動作是為了配合較軟的地面（彈簧床）來完成想要的動作（在床上連續跳上跳下），但如果在地面較硬的訓練環境時，身體相反地就會放鬆相關的組織來完成緩衝落地，並且產生更多彈性反應。研究顯示人體肌肉肌腱會因應不同硬度的地面去調節地面反作用力，來確保安全與運動表現。

運動員為了達到衝刺或跳躍表現的極限，通常會選擇較硬的地面才能發揮身體組織的彈性位能，但在非賽期反而建議選擇稍微有緩衝效果的地面，能減少在長期訓練下所累積的損傷。

上述的例子告訴我們在制定課表時，也必須因應比賽期或準備期選用適合的訓練場地。下面列出幾種常被用來作為增強式訓練的場地，選擇適合的場地來提升表現與訓練特殊性，並且降低急性與慢性傷害的發生風險。

2.3.1 沙地

沙地或類似效果的表面，很常被教練或運動員在準備期用來減輕下肢訓練負擔。落在沙地上所造成的下陷，可以緩衝掉落地衝擊以及下肢骨骼肌肉肌腱等組織的壓力。如果你的增強式課表中準備開始加入跳躍及落地動作，那選擇沙灘或沙池作為訓練場地就可以增加動作的反覆次數，幫助運動員完整掌握技巧。此外，許多類似沙地的場地通常可以赤腳訓練，讓運動員透過較軟較安全的地面，增加神經肌肉控制能力。

而在向心與增強式起跳或推蹬的階段，由於沙地受力會自然下陷延長動作的觸地時間，減少運動員依賴肌肉肌腱的彈性位能。雖然沙地適合介入彈跳與落地的

動作，但相對的肌肉也很難在軟的地面上做出反射動作，反而會不利於訓練伸展反射，因此在沙地訓練的時間也不能過久，落地的衝擊大部分都被沙地吸收緩衝，而很難儲存到下肢的肌肉肌腱中。

2.3.2 天然草地

天然草皮也很適合作為增強式訓練的場地之一。草皮同時具備足夠的紮實度，讓運動員在衝刺或彈跳有充足的反作用力，又不失一定程度的彈性，能提供落地時足夠的緩衝。

天然草皮也可以適用在彈跳落地、衝刺跨步或者急停急煞的動作上，作水平與垂直方向上的搭配，有效降低爆發力動作中加速或改變方向對肌腱韌帶的負擔。這些特性讓草皮可以適用於幾乎所有的增強式訓練動作與每個訓練階段，當然草皮的硬度也和環境氣候與灌溉保養有關，氣候越乾燥通常草皮越紮實堅硬，這也必須納入環境選擇的考量中。

2.3.3 人工草皮

人工草皮同樣也兼具韌性以及緩衝的特質來因應運動員的動作，且大多時候人工草皮相對天然草皮來說品質穩定。天然草皮容易有不平整或分佈不平均等現象，比方說天氣潮濕時，人工草皮還能維持表面品質與紮實韌性，但天然草皮容易變得泥濘而對增強式動作來說過於柔軟。

多數情況下人工草地比天然草地更硬，尤其在缺乏整理與保養的時候更是如此。運動員可以透過在人工草皮訓練得到適當的緩衝，以及動態動作時相對穩定的表面，而隨著訓練進程再換到較硬的草地作訓練。可以的話，訓練初期建議以相對較軟的草地增加緩衝效果。

另外必須要特別注意的是，人工草皮相對天然草皮表面摩擦係數較大（提供更大抓地力）。在人工草皮上跳躍或是任何有水平方向的動作，都會對肌肉、關節與結締組織產生更多壓力，因此在人工草皮上的訓練初期，先從低量低強度開始漸進，鞋子的抓地力也要配合訓練進度：初期先使用抓地力低的鞋子減少下肢負擔。

2.3.4 木質硬地板

木質地板常用於籃球、排球以及其他拍類運動如壁球、短柄牆球和羽毛球。通常木質地板具有穩定與些許程度的彈性，就如同其他地板材質一樣，木質地板也會依材質組成和組裝結構有不同變化與硬度。有的材質非常柔軟與安全，有的則強調紮實穩定，全新的木質地板可能有較佳緩衝能力，相對老舊的地板可能較為強韌不易產生形變。

當然會使用室內場地通常是基於天候或賽季安排考量，有些項目也可能多數時間都在室內訓練，但在選擇場地必須是教練與選手共同的課題，也就是說如果在介入增強式訓練初期先使用戶外較柔軟的場地，或者如果真的沒有其他場地非得在木質硬地開始訓練，那試著調整動作避免在初期作落地衝擊太大的訓練，再隨著課表漸進。

2.3.5 橡膠跑道或地板

PU 跑道以及類似材質的石化合成地板，也是常見用於衝刺與增強式訓練的場地。這種合成場地的優點在於對彈跳等爆發性動作的反饋效果很好，但同時也代表這種場地硬度相對較高。

過度密集的訓練對肌肉骨骼與關節的壓力較大，如果像田徑選手長期在這種合成材質的場地訓練的情況下，那在準備期時搭配較軟的場地（天然草地或人工草皮）去介入增強式訓練，就可以避免增加選手額外的負擔。到了訓練後期，運動員提高肌力與耐受度後再回到合成場地作訓練就可以很快地適應。

較為強韌有彈性的橡膠地板的優勢在於能強化增強式動作的表現，更容易誘發伸展反射與執行爆發力動作，如果運動員需要在較硬的合成場地上競賽，那也要確保在合成場地上有充足的訓練與適應時間。

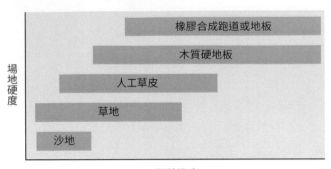

圖 2.3　訓練環境與訓練進度的搭配

　　圖 2.3 整理出各種場地配合訓練進度的使用,基本原則就是隨著選手能力上升來增加場地硬度,避免在初期累積過多壓力受傷,最終必須要能符合競賽場地需求 ,比方說足球員大多時間必須在草地訓練,沙灘排球員則必須要適應海灘沙地。

　　要注意每項運動對場地的需求,避免花太多訓練時間在他單一場地上。不同場地可以提供各種優勢,較軟的場地可以吸收落地衝擊,適合在初期幫助運動建立基礎肌力。較硬的場地則適合訓練伸展收縮循環,幫助運動員發展爆發力動作與加強神經肌肉控制與彈性位能的轉換。場地的選擇考量依據項目、運動員本身條件以及其他如天候、時間與疲勞程度,必須在最好的時間選擇最適合的運動場地。

2.4　訓練鞋的選擇

　　訓練鞋的選擇攸關於運動表現與運動員的健康,不論衝刺或跳躍,都是透過雙腳來接觸地面,腳掌不只要吸收衝擊並產生力量去跨步、彈跳或改變方向,更要同時接收場地反饋的訊息。場地是軟是硬、平不平整或著是否老舊甚至容易滑倒,因此在選擇訓練鞋上絕對不可輕忽。

　　訓練鞋當然最主要的功能就是保護腳掌避免受傷,以及作為訓練的消耗品之一,包含鞋面的保護避免割傷或摩擦、鞋底有足夠的緩衝能力減少衝擊,以及鞋身整體的包覆,以及足弓的支持避免腳踝外翻,雖然有些運動員喜歡赤腳作增強式訓練,但在多數的訓練期間還是建議穿著訓練鞋作保護。

平底訓練鞋 (鞋底落差小)

腳跟位移

鞋跟較厚的訓練鞋 (鞋底落差大)

腳跟位移

圖 2.4　不同鞋跟厚度對傳遞時腳跟位移之影響

　　尤其在地面材質偏硬的場地訓練時，訓練鞋的緩衝能力就很關鍵。在訓練初期可以選用緩衝能力佳的鞋子，減少下肢肌肉關節的負擔。隨著肌力提升再換穿鞋底較硬的訓練鞋，開始訓練伸展反射以及運用下肢儲存的彈性位能。

　　你也可以在初期穿著腳跟較厚的訓練鞋，減少觸地時腳跟的位移（也同時減少下肢後側肌肉肌腱韌帶的伸展）。隨著肌力進步後，再開始選用腳跟到腳尖落差較少的訓練鞋，圖 2.4 表示腳跟腳尖落差大的訓練鞋和相對較少的平底訓練鞋的差異。

　　當你的增強式課表從準備期進入到專項比賽期，當然會希望運動員開始用比賽的鞋子進行增強式訓練。在田徑運動中，衝刺與跳遠跳高的選手在進入比賽期時，甚至會用釘鞋作增強式訓練。由於釘鞋相對一般訓練鞋沒有緩衝功能且鞋底落差較小，訓練時要注意調整訓練量降低觸地衝擊次數。相同的概念也適用於足球、美式足球、棒球以及英式橄欖球的橡膠釘鞋，甚至是室內運動如籃球、排球以及拍類運動的膠鞋。

　　教練也可以在不同的訓練時期，建議運動員穿著適合的運動鞋，大原則就是盡可能讓訓練具有特殊目的性，去考量當下可以同時兼顧運動表現與傷害預防的運動鞋與裝備。

2.5 訓練器材

增強式訓練除了考量各種不同的動作與訓練環境的變化，在訓練器材上的選擇也同樣會影響運動員的表現及健康，下面是增強式訓練常見的輔助訓練器材。

2.5.1 增強式跳箱

跳箱在增強式訓練的使用，通常會受限於訓練經費的多寡，如果沒有錢購買跳箱，反應快的教練或選手可能就會用階梯或球場看台來替代去做跳躍的課表。

然而簡易的跳箱也可以透過合板和其他組裝材料來完成。通常會設計高度由 6 到 36 英吋的跳箱，每個之間落差約 8 到 12 英吋，配合運動員的能力和訓練目的來使用。通常準備多種不同高度的跳箱來配合不同程度的運動員，可以像上述的方式自己動手設計需要的高度，也可以直接向訓練器材的廠商購買。木質的跳箱必須有一定的重量不會輕易被移動，要能提供跳躍訓練穩定安全的落腳平台。

你也可以選購各種不同高度較為輕便的鋼架跳箱，鋼架跳箱的優點在於方便在不同場地間搬動，以及可以互相堆疊減少收納空間。缺點也是因為鋼架跳箱較輕，如果作連續動態跳躍的穩定性相對較差。此外因為鋼架跳箱四面鏤空，如果運動員不小心失足沒有踩準位置，容易被上方的平台邊緣刮傷膝蓋或脛骨，嚴重甚至會造成膝蓋或脛骨撕裂傷或瘀青。

新式的跳箱用高密度泡綿外加聚乙烯材料包覆製成，這種材質的跳箱結合了高密度泡綿的韌性支撐跳躍的衝力，以及柔軟的聚乙烯材料包覆邊角避免運動員踩空受傷。這種泡綿跳箱一樣也有多種高度可選擇，而且可以透過魔鬼氈相黏，堆成更高的跳箱，但由於重量較輕在做動態跳躍時，必須有隊友在旁邊協助穩定跳箱。

增強式跳箱適用於各種不同爆發力與下肢彈性動作，包括蹲踞箱跳、反向箱跳、深跳甚至跳箱與欄架結合的複合式跳躍。要達到安全與有效的目的，關鍵在於選擇適當高度的跳箱，初期建議選擇在運動員能力範圍內可以輕易完成的高度，降低受傷風險。

2.5.2 訓練用欄架

如果要給運動員在垂直方向的彈跳有點挑戰，那使用各種高度的欄架作為障礙物就是不錯的選擇。傳統的田徑跨欄用的欄架就有這種功能，然而競賽用的欄架對增強式訓練來說過於笨重與昂貴，且運動員很有可能會絆倒或跌在欄架上，因此選用訓練用欄架相對安全合適。

訓練用的欄架結構相對輕盈且刻意設計成運動員跳躍時一碰到就會翻倒的重心比例，降低運動員被欄架絆倒受傷的風險。如果要執行高反覆次數的連續跳躍動作，欄架高度就不可以過高，建議盡量選用中等高度的訓練用欄架，讓運動員安全跳過，不要使用接近跳躍極限的高度。市面上販售專門用來做增強式訓練的欄架，對不同運動項目來說相對具有經濟性，通常使用一體成形的輕量塑膠材質製成，並設計有多種高度適合在團體訓練中讓多數運動員參與訓練。

如果你想省得更多，那就試著切割適當長度的塑膠水管，用零件去組裝自製欄架，一樣可以安全好用。可以到一般五金行去採購水管、組裝零件、線鋸和 PVC 黏合劑等材料，一天內就可以組裝完成。

你也可以使用交通錐當作增強式訓練垂直的障礙物，不同高度的交通錐適合用來給較年幼的運動員做障礙物去跳躍。因為交通錐相對較窄，運動員可以不用真的完全從正上方跳過，可以讓兩腿通過交通錐的兩旁，相對不容易被絆倒，但如果要確保運動員跳躍的高度，建議還是使用欄架來訓練。

2.5.3 藥球

我們在之前討論的增強式動作，通常以跳上跳箱或跳過欄架為主，但其實增強式動作也包含投擲動作，去訓練上半身與下半身的動力鏈連結。這時候有不同大小重量的藥球，就是很好的爆發性投擲訓練器材。

藥球通常外層由皮革包覆或者以橡膠材質製成增加重量，常見的重量為 4、6、8、10 和 12 磅。一般來說輕重量的藥球適合訓練投擲速度，較重的藥球則是用來發展爆發力與動態最大肌力的特質。直徑與表面積較大的藥球適合抱與摔的動作，而橡膠材質的藥球則適合利用反彈特性投擲牆面。

但有些運動員會覺得彈性太好的藥球不好控制方向，反而偏好使用較軟的藥球訓練。幸好現今藥球的大小種類與材質多樣，可以因應不同運動項目或室內室外場地使用需求作選擇。

在做藥球的爆發性投擲時就如同做彈跳訓練一樣，可以由固定的姿勢開始投擲，也可以如同反向跳一樣加入預先伸展的動作，再向心收縮丟出藥球，這時候藥球的重量就會造成向心和離心兩個階段額外的訓練負荷。對轉體的投擲動作來說，在投擲前也可以預先伸展核心與肩部肌群作離心蓄力，再爆發性的丟出藥球，藥球的投擲更可以進階搭配跳躍動作連貫後再丟出。整體來說藥球相當適合作為整合上肢與下肢增強式動作的訓練工具。

2.5.4 其他訓練器材

在增強式訓練中也可以透過其他器材增加快速動作的負荷，除了運用藥球可丟可拋的特性，還有許多器材也可以用來增加整體動作的負荷，來加強增強式訓練的效果。但要注意負荷不可以過高，以免延長緩衝耦合的時間，讓伸展反射或彈性位能無法發揮。要盡量避免觸地時間過長，並在各種負荷下保持動作的速度與技術品質。

槓鈴與啞鈴

要增加增強式動作的負荷，使用槓鈴與啞鈴是常見的作法。啞鈴可以在原地跳躍時一手握住一個在身體兩側，槓鈴則是類似負重深蹲跳 (squat jump) 的方式背在背上做原地跳躍，重點在於過程中讓槓鈴貼在上背，避免跳動過程中的晃動或撞擊脊椎。

要注意不論使用的是槓鈴或啞鈴，不要做複合式跳躍或者跳上跳箱或跳過欄架的動作。再次強調要謹慎選擇槓鈴與啞鈴的負荷，盡量讓負荷可以發揮效果並確保最高程度的安全考量。在許多速度基礎的訓練動作 (Velocity based movement) 中，阻力並非總是越大越好，要依據每個運動員的需求找到最佳的負荷達到最好效果。

壺鈴

現在越來越流行透過壺鈴訓練動態肌力，從增強式訓練的觀點來看，連續盪壺動作 (Swing) 可以反覆刺激上肢與下肢以及核心多種肌群的伸展反射。雖然在藥球的訓練中有很多拋向空中的動作，但因為壺鈴的重量與金屬材質並不適合作離手的動作，可能波及其他運動員或破壞室內場地設施，甚至戶外的草皮維護。

彈力帶

較厚的橡膠彈力帶常被用來當作連續原地跳或跳遠的動態阻力，在垂直跳訓練時通常一端會連結套索固定在腰部或上半身，另一端則固定在地面。彈力帶收縮的力量可以在彈跳的向心階段給予阻力，並且加速由最高點回到地面的速度，當然這種阻力方式同樣存在風險，但只要切記介入任何外在阻力都要避免過度影響動作執行。透過彈力帶作阻力來完成的跳躍或投擲動作，在「力量－速度」曲線上的呈現會和一般情況有所不同。高速完成的動作通常適用較低或中等程度的阻力，如果在需要快速或加速度大的動作額外施加過大的阻力，反而會嚴重破壞動作本身的協調順暢，對訓練造成反效果。

在連續遠距跳時，可以請同伴協助將彈力帶固定在腰間，在跳躍時提供向心階段的阻力，並且減少落地時對股四頭肌造成的離心壓力，避免膝關節慢性損傷。同樣的方法也可以適用在藥球投擲的動作，固定在腰間的彈力帶一樣可以提供投擲動作中等程度的阻力。

負重背心或負重腰帶

負重背心或腰帶在跳躍動作的訓練已經有幾十年的歷史，可以維持一定程度的阻力以及動作的活動度。因為負重背心不會影響運動員四肢的動作，所以可以搭配專項動作執行訓練。

研究顯示負重背心或腰帶的重量在 10 磅左右就足以達加強增強式訓練效果，所以其實並不必用到太重的負重裝備。而相對於綁在腳踝或手腕的負重綁帶來說，還是比較建議使用靠近身體重心的腰帶或背心，而且腳踝或手腕的綁帶通常會造成關節額外的壓力，使用上必須特別注意。

MEMO

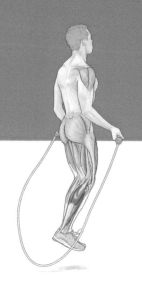

基礎訓練動作

要編排一個增強式訓練計畫,其中會包含非常多種的訓練動作,每一種動作又能夠有許多變化去因應不同目的。不論是為了符合專項動作或搭配其他動作組合成複合式訓練;又或是把動作拆解成幾個部分分別強化,本章的基礎動作可以在介入增強式訓練的初期,幫助簡化教學動作的過程,並且幫助運動員建立基本的肌力、爆發力與彈性特質的運用,讓運動員能進階到下一個階段並且運用到競賽中。

有些運動員會傾向選擇複雜的訓練計畫,與看起來創新且特別的動作來練習,卻忽略基本功的重要性,但過早從事進階的訓練動作往往會使基本動作不夠紮實,導致運動員無法達到初期應有的生理適應,就如同要蓋一棟大樓的地基,必須堅強穩固且平衡。

基本動作的訓練就是要確保正確的動作技巧,可以反覆的練習、精熟並且維持整個競賽生涯。在增強式訓練的過程,因為大多數的動作都是爆發性快速的動作,基本素質的養成就更為關鍵。

雖然大多數的訓練動作都是以跳躍為主,但這些動作就是構成運動場上衝刺、投擲與改變方向等能力的根本,一旦忽略了訓練中的任何要件或者沒有配合完整的基本訓練養成,不論是那種運動項目,最後只會導致表現下滑甚至提高受傷風險。用最簡單最紮實的方式去訓練選手,往往才是成就表現最好的方法。

下面列出建立與執行基本訓練動作的要點：

1. **把基本動作訓練作為基石去完成複雜的動作。**

   在進階到連續跳躍的訓練前，你必須先從單一跳躍動作的技巧開始訓練。單一次的最大跳躍或者藥球投擲，透過較單純且非連續性的形式讓你專注在動作的學習上，掌握姿勢、腳步、肢體動作以及動作時間點等基本要件，可以同時建立你對這個動作的掌握以及自信，之後再介入進階動作。運動員在從事複雜的進階動作前，必須要能完全掌握基本動作。

2. **對於新手運動員或者剛開始訓練計畫的進階運動員，先從容易達成且相對安全低強度的動作開始。**

   透過完成較低的箱跳或者跳過較低的欄架，作為相對容易達成且安全的訓練方式，建立運動員基本的肌力與爆發力並掌握動作技術。這種方式也可以透過較低的訓練量，也就是較低的組數與反覆次數去完成，讓運動員在掌握技術能力的同時，不會累積太多疲勞。

3. **確保基本技術以及能力，透過高品質的反覆訓練，在整個訓練期間穩定進步。**

   長期投入基本動作的訓練，除了強化訓練動作本身的執行之外，更會同時加強和該訓練動作有關的各種能力。比方說箱跳所強調的爆發性髖關節伸展動作，會同時加強運動員衝刺起跑的表現、籃球阻攻蓋火鍋的能力甚至美式足球的擒抱動作。基本動作的能力要能被視為是爆發性與彈性能力的指標，必須要能在訓練計畫中持續進步。

基本訓練動作的介入與養成，是增強式訓練計畫成功與否的關鍵。雖然基本動作相對簡單乏味，但卻是構成運動專項動作與影響動作表現的基石。一個基本的箱跳動作雖然只是簡單的爆發性垂直跳（包含其他類的箱跳或跳過欄架），但不論是蹲踞跳箱跳或反向跳箱跳，其中所包含的元素都對日後許多進階動作影響深遠。

包含在箱跳中的動作姿勢、參與肌群、與執行最大跳躍的時機掌握等元素，都會影響起跑、跨欄、爆發性藥球投擲，和許多常見專項動作的表現。熟練並強化基本動作，可以讓這些技巧元素與生理特性更容易從訓練動作轉化運動表現。

　　同時不論你是初學者或是菁英選手，增強式訓練的基本動作在整個訓練競賽階段都會是一個重要指標。不論你的訓練週期進展到哪個階段，都要能維持基本動作的品質。對每個運動員來說，不論年齡、經歷或能力，維持基本動作的品質與其中包含的元素絕對是必要的。

3.1 蹲踞跳上跳箱

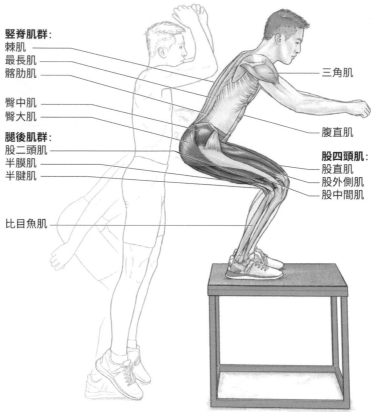

豎脊肌群:
棘肌
最長肌
髂肋肌

三角肌

臀中肌
臀大肌

腿後肌群:
股二頭肌
半膜肌
半腱肌

腹直肌

股四頭肌:
股直肌
股外側肌
股中間肌

比目魚肌

動作步驟

1. 啟始動作為雙腳保持約骨盆寬度,膝蓋彎曲呈部分深蹲 (partial squat) 姿勢,視個人習慣或髖關節活動度大小,雙腳可以稍微外旋作調整。依照專項需求來作膝蓋彎曲角度約 100 到 140 度,軀幹向前傾讓身體超過腳尖,使中心略微往前,雙手自然垂在身體兩側與地面垂直,並保持脊柱中立。

2. 起跳時雙腳爆發性向地面推蹬產生垂直反作用力,並配合雙手向上向前揮動。所有動作保持向上,並且不要有任何反向動作或離心蓄力的時間,當下肢由部分深蹲姿勢到完全伸展時,上半身也配合挺直。

3. 準備跳上跳箱時,把膝蓋拉到足夠的高度確保安全落在箱上。雙腳接觸到跳箱後,開始彎曲膝蓋與髖關節吸收衝力作緩衝,結束時雙手在前方保持重心略微前傾。

參與肌群

主要肌群：臀大肌、臀中肌、股四頭肌 (股直肌、股外側肌、股中間肌、股內側肌)、腿後肌群 (股二頭肌、半腱肌、半膜肌)

輔助肌群：豎脊肌 (棘肌、最長肌、髂肋肌)、三角肌、腹直肌、髂腰肌、比目魚肌

動作要點

　　箱跳系列的動作適合在增強式訓練計畫的初期使用，透過單次的箱跳動作讓運動員學習正確的啟始姿勢、有效的髖關節伸展動作及基本的落地策略。膝蓋彎曲的程度必須能產生足夠的跳躍力量，但不能蹲得太深導致動作變慢。軀幹向前傾超過腳掌讓重心偏向前方，並同時保持背部穩定，脊柱中立準備全力跳躍。手臂放在身體兩側，確保有足夠的空間在跳躍時往上揮動，才能盡可能把身體拉高。

　　頭在脊椎自然延長線上，視線對準跳箱頂部，跳躍的高度必須超過跳箱後再透過髖膝踝三關節緩衝落在箱上。訓練初期先選用可輕易克服的跳箱高度，如果一開始就選用相對吃力的高度，那在訓練後面的組數開始疲勞後就容易受傷。

變化動作

箱跳單腳落

　　掌握好雙腳箱跳的動作後，你可以在跳起後改成單腳穩定落在箱上增加挑戰，這種方式會考驗單腳的離心負荷，以及動態落地時的平衡穩定能力。因為落地動作在箱上完成，所以對單腳的負擔比起在地面的單腳落地相對較小。

　　剛開始作單腳落的箱跳跳箱高度可以比雙腳落稍低，等技術熟練增加信心後就可以比照雙腳落箱跳的跳箱高度。

負重箱跳

　　穿戴負重背心或腰帶，跳上跳箱時搭配雙手反向有力的揮動加強動力，專注在髖膝踝三關節的爆發性伸展動作。

3.2 反向跳上跳箱

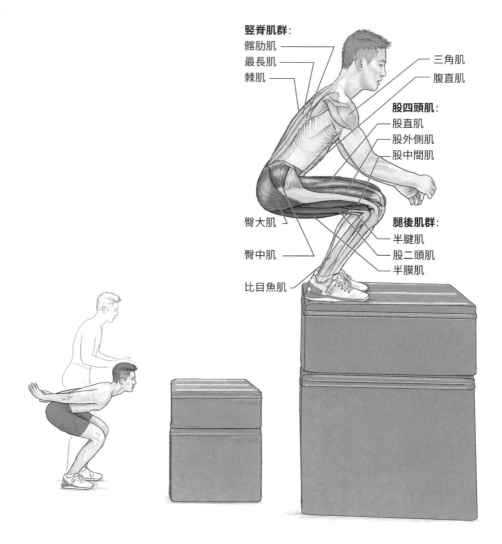

竪脊肌群:
髂肋肌
最長肌
棘肌

三角肌
腹直肌

股四頭肌:
股直肌
股外側肌
股中間肌

臀大肌

臀中肌

腿後肌群:
半腱肌
股二頭肌
半膜肌

比目魚肌

動作步驟

1. 反向跳上跳箱的動作比起一般箱跳啟始位置較高,從身體完全站直的動作開始,髖關節從相對高的位置,向下加速誘發肌肉的反射與彈性特性。下蹲的動作必須明確快速地蹲到蹲舉跳時的深度,並同樣讓身體前傾超過腳掌,手臂甩向身體後方準備配合接下來用來往上的跳躍。

2. 蹲到蹲踞跳深度後，利用下蹲的力量刺激下肢反向往上跳躍，同時帶動軀幹與手臂，快速爆發伸展髖關節與膝關節起跳離地。

3. 配合抬高膝蓋提高高度安全落在跳箱上，透過髖膝關節緩衝落地，雙手在身體前方保持身體前傾與平衡。

參與肌群

主要肌群：臀大肌、臀中肌、股四頭肌 (股直肌、股外側肌、股中間肌、股內側肌)、腿後肌群 (股二頭肌、半腱肌、半膜肌)

輔助肌群：豎脊肌 (棘肌、最長肌、髂肋肌)、三角肌、腹直肌、髂腰肌、比目魚肌

動作要點

　　反向跳上跳箱在增強式訓練中也是相當重要的基本動作之一。預先下蹲的動作快速伸展主要肌群加強跳躍收縮的力道，下蹲的程度必須讓下肢肌群有足夠的伸展卻又不能過低使動作變慢，錯失借助組織彈性位能的時機。

　　下蹲的速度必須夠快，才能刺激肌肉與其他結締組織的收縮與彈性特質，同時搭配手臂向上甩動的時機也非常重要，才能完整運用上肢助力。如果上肢一開始動作時序不良，可以先抱著藥球或者雙手交叉在胸前先去掉上肢動作，這種調整方式會增加下肢與背部肌群跳躍時的負荷。反向跳上跳箱的目的是完全發揮運動員最大跳躍高度，輕鬆跳上跳箱，每一下跳躍的動作與完成的速度都必須盡全力達到最快。

變化動作

反向跳上跳箱配合轉體落地

　　如果要更進階反向跳上跳箱的落地策略，可以搭配跳躍後作 90 度的轉體落上跳箱。因為專項運動中不乏轉體動作的表現，這種方式搭配爆發性彈跳與動態落地變化，同一組內先專心完成相同方向的轉體，下一組再換作另一邊的轉體落地，重點要確保每一下的爆發性跳躍與轉體落地的穩定性。

3.3 落地跳

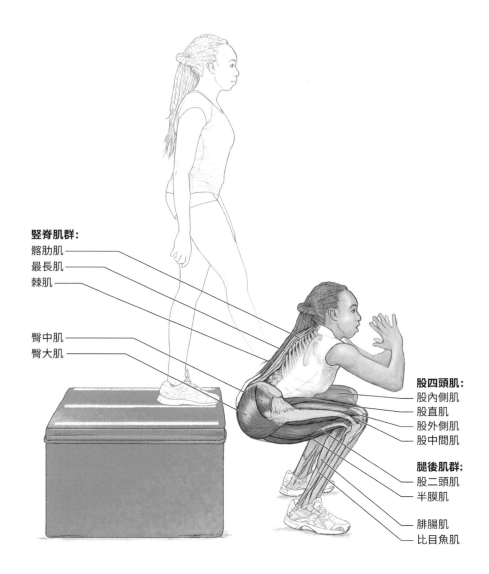

竪脊肌群：
髂肋肌
最長肌
棘肌

臀中肌
臀大肌

股四頭肌：
股內側肌
股直肌
股外側肌
股中間肌

腿後肌群：
股二頭肌
半膜肌

腓腸肌
比目魚肌

動作步驟

1. 站在低中高度的跳箱上，以踏步跨出跳箱的方式讓身體自然下墜，要注意不要用跳出跳箱的方式，以免增加額外的落地衝擊。

2. 落向地面時保持髖膝踝三關節微微屈曲準備接觸地面，要避免關節打直的狀態下受到衝擊。

3. 前腳掌較肥厚的蹠骨頭部分先著地，吸收最初的衝力再轉換到腳跟。腳跟著地後，力量就會上傳由股四頭、腿後肌與臀部肌群主動緩衝吸收。上半身配合向前傾，由豎脊肌群吸收傳到上半身的衝力。

參與肌群

主要肌群：臀大肌、臀中肌、股四頭肌 (股直肌、股外側肌、股中間肌、股內側肌)、腿後肌群 (股二頭肌、半腱肌、半膜肌)

輔助肌群：豎脊肌 (棘肌、最長肌、髂肋肌)、比目魚肌、腓腸肌

動作要點

　　跳下跳箱的動作是訓練下肢處理離心負荷的有效方式，相對於舉重動作需要器材或經驗才能實際執行，跳下跳箱可以作為更有效發展下肢肌力的方式。

　　視不同的跳箱高度而定，落地衝擊可能高達數倍體重，剛開始訓練時建議使用較低的跳箱，先專注在如何安全雙腿落地緩衝，學習運用下肢每個關節來降低衝力。隨著肌力與技術能力上升，再增加跳箱高度提高落地負荷。跳箱高度視能力與經驗可以由 12 到 30 英吋 (30 到 75 公分) 不等。

變化動作

轉體落地跳

　　如同跳上跳箱的動作，跳下跳箱一樣可以搭配轉體落地，同時訓練運動員如何應對垂直與旋轉衝力。當你踏出跳箱後透過上半身帶動旋轉動力，在落地前完成約 90 度左右的轉體。落地時一樣會有垂直方向的衝力，但旋轉的動作會增加了一個平面的慣性，挑戰下肢與核心的肌力與穩定能力。

3.4 反向跳

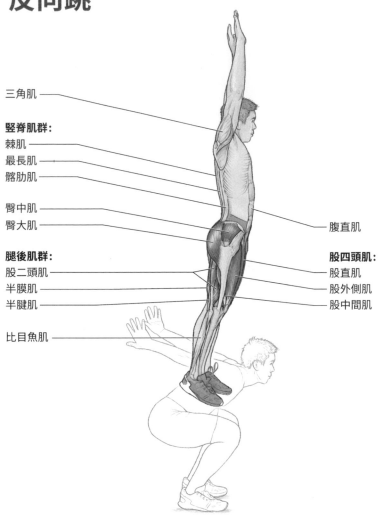

三角肌

豎脊肌群：
棘肌
最長肌
髂肋肌

臀中肌
臀大肌

腿後肌群：
股二頭肌
半膜肌
半腱肌

比目魚肌

腹直肌

股四頭肌：
股直肌
股外側肌
股中間肌

動作步驟

1. 雙腿與骨盆同寬站立，腳掌略微外旋保持姿勢穩定。開始先反向下蹲，預先伸展下肢肌群與結締組織，上半身前傾準備起跳，雙手擺向身體後方準備配合跳躍動作向前向上揮動。

2. 同時快速爆發伸展髖關節，配合雙手甩向上方，目標就是全力跳到最高。當開始下落，髖膝踝三關節微彎準備著地。

3. 落地時，前腳掌蹠骨頭的部分會先觸地後接著腳跟著地，把大部分的衝力往上傳，由大腿、臀部與下背肌群吸收。當衝力完全緩衝身體停止下降後，再次回到站姿準備下一次跳躍。

參與肌群

主要肌群：臀大肌、臀中肌、股四頭肌 (股直肌、股外側肌、股中間肌、股內側肌)、腿後肌群 (股二頭肌、半腱肌、半膜肌)

輔助肌群：豎脊肌 (棘肌、最長肌、髂肋肌)、三角肌、腹直肌、髂腰肌、比目魚肌

動作要點

反向跳不需要搭配訓練器材，且可以在原地反覆執行。就如同箱跳一樣，目標是盡全力跳到最大高度，但不同的是落下時會回到地面，因此落地衝擊比箱跳大。反向跳的動作本身就是結合了反向跳上跳箱的前半段，以及跳下跳箱的落地緩衝策略，所以要確保每次動作都能有最大的向心收縮彈跳，以及落地時良好的離心控制能力，雙腳必須平均分配起跳時的力量以及吸收落地時的衝力。

反向跳是之後許多原地增強式跳躍動作的基礎，你可以先從單純的原地反向跳開始，或在每跳之間暫停加入專項動作比如落地或改變方向等，等肌力進步後，可以進階到落地後馬上反彈再跳起的連續反向深蹲跳。如果連續動作對運動員還是負荷太大，可以先用反向過頭藥球投擲來替代。

變化動作

側向反向跳

在反向跳中加入側向移動的元素，可以讓動作更貼近專項需求，將原本直上直下的動作，改成跳向某一側再折返跳回原位的方式增加側面移動。如果場地許可的情況，可以在地上畫線作標記，左右來回跳過目標。如果場地不能作記號也可以用跳繩、木棍或繩梯來代替，動作要點就是最大垂直跳搭配側向偏移，並且穩定落地後再連續反覆。

3.5 直膝跳

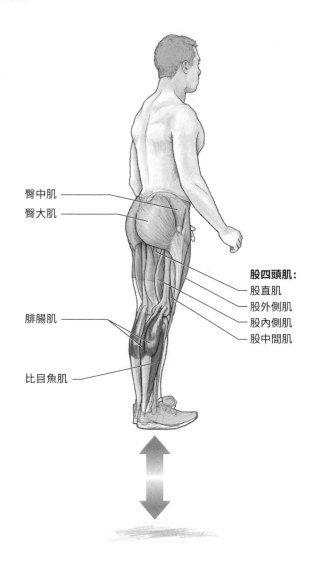

臀中肌

臀大肌

股四頭肌：

股直肌

股外側肌

腓腸肌

股內側肌

股中間肌

比目魚肌

動作步驟

1. 身體站直，雙腿保持骨盆寬度，雙手自然擺在身體兩側。啟始動作為短暫快速的反向微蹲，身體在全力起跳到下降過程中保持中立，與髖關節及肩關節和雙腿在同一線上。

2. 觸地後身體保持固定姿勢，靠膝蓋微彎吸收地面衝力，確保雙腿平均分攤力量。落地前保持腳踝背屈，使下肢維持相對強壯、有彈性的方式觸地，讓下一次的跳躍更加快速有力。

3. 注意要讓每下跳躍維持一定節奏與動作品質，並盡可能保持相同跳躍高度以及讓身體保持中立固定的姿勢。

參與肌群

主要肌群：比目魚肌、腓腸肌

輔助肌群：臀大肌、臀中肌、股四頭肌 (股直肌、股外側肌、股中間肌、股內側肌)

動作要點

直膝跳是很適合訓練身體運用地面反作用力與彈性動作的全身整合能力的基本動作，動作本身有的反彈特性會應用在衝刺，彈跳與改變方向的運動表現上。

重點在維持每一輪跳躍的節奏，讓動作可以像彈跳桿 (pogo stick) 一樣連續反彈。下肢接近打直的狀態，可以強化相關肌群彈性特質的運用。身體姿勢固定，也可以保持整體的勁度 (stiffness) 減少動能的散失。

變化動作

側向直膝跳

直膝跳搭配側向偏移的動作，可以加強專項中敏捷動作的觸地反應能力，同時側向直膝跳也可以強化踝關節強度預防扭傷。可以搭配跳過訓練場或球場地板的標線或者跳過較低的小欄架，來維持固定的跳躍高度與側向移動距離。

3.6 跳繩

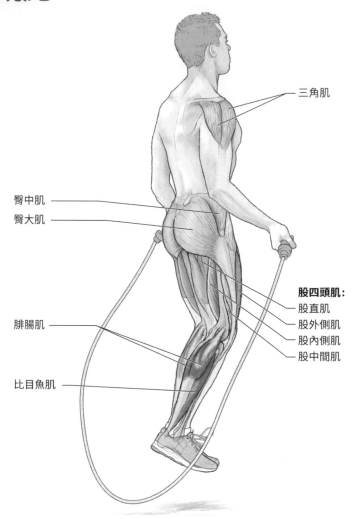

三角肌

臀中肌
臀大肌

腓腸肌

比目魚肌

股四頭肌：
股直肌
股外側肌
股內側肌
股中間肌

動作步驟

1. 選擇適當長度的跳繩後，讓繩子中段在腳跟後方，開始由背後甩過頭頂到身體前方。

2. 當繩子向下甩到地面時，輕鬆地作一個較低的垂直跳，讓繩子打在腳掌前方地面並通過腳底。在繩子每次迴旋週期間，可以有節奏的搭配連續兩次的跳躍 (double jump)，每下跳躍都維持短暫的觸地時間。

3. 跳繩循環的週期和連續兩次跳躍的節奏可以依專項需求調整，較快速的跳繩迴旋週期與彈跳節奏，適用於較短、較快的觸地動作，而較慢的迴旋節奏則適用於較高的彈跳動作。

參與肌群

主要肌群：比目魚肌、腓腸肌

輔助肌群：臀大肌、臀中肌、股四頭肌 (股直肌、股外側肌、股中間肌、股內側肌)、三角肌

動作要點

跳繩應該是最傳統的增強式動作之一，常被用來測試肌耐力。反覆跳過甩動中的繩子，可以讓動作維持節奏感與固定高度，並反覆誘發下肢肌群的伸展反射。常用的訓練方式是在每一個繩子迴旋週期中作 2 次的跳躍，其他變化動作可以視專項需求調整。

即便多數增強式動作所需的訓練時間相對較短，但跳繩卻時常被用來做長時間的耐力訓練。可以試著透過縮短動作持續時間，以及增加爆發性跳躍的方式來進行跳繩訓練，或者你也可以把長時間低強度的跳繩方式，當作接下來高強度增強式動作的暖身活動。

變化動作

一跳二迴旋

要加強跳繩中爆發力訓練效果，其中一個方式就是在每一次彈跳中完成兩次跳繩迴旋。這種方式會需要更高更有爆發力的跳躍，以及更快的甩繩速度，在一次跳躍中完成兩次完整迴旋動作。

一跳二迴旋的方式通常不需要太多反覆次數，大約每組 6-10 下即可，重點在於維持每下跳躍的高度與品質。

3.7 開合跳

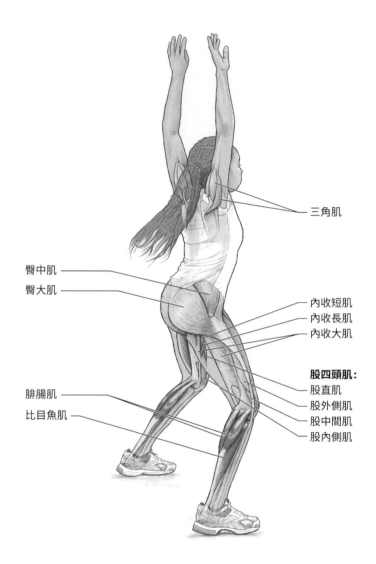

三角肌

臀中肌

臀大肌

內收短肌

內收長肌

內收大肌

股四頭肌：

股直肌

股外側肌

腓腸肌

股中間肌

比目魚肌

股內側肌

動作步驟

1. 啟始姿勢身體自然站直，雙手擺在身體兩側。開始跳躍時配合雙手外展甩過
   頭頂。

2. 雙腿跳起後外展落在身體外側，落地保持彈性，立刻再次跳到空中，雙腿配合雙手內收回到開始姿勢。

3. 維持動作反覆循環，雙腿跳躍後維持彈性，重複外展內收開合動作，雙手配合作外展過頭與內收動作。

參與肌群

主要肌群： 比目魚肌、腓腸肌

輔助肌群： 臀大肌、臀中肌、股四頭肌 (股直肌、股外側肌、股中間肌、股內側肌)、三角肌、內收肌 (內收短肌、內收長肌、內收大肌)

動作要點

　　開合跳是經典的反覆彈性跳躍動作，適合新手運動員在初期介入低中強度訓練時建立基礎體能使用。開合跳可以有長週期心肺適能組（每組 15-30 下），與短週期彈性跳躍組（每組 6-10 下）兩種執行方式。因為開合跳相對強度較低，很適合訓練較年少的運動員或者給菁英選手作暖身動作使用。

變化動作

星跳

　　星跳是開合跳的爆發力進階版本，不同於開合跳雙腿外展後會在身體外側點地，星跳需要在空中外展雙腿後，在落地時把雙腿收回身體中心回到原位落地。雙手配合起跳時外展讓身體呈現星狀後，在落地時收回身體兩側。落地時一樣保持彈性反彈繼續作出下一次的星跳。

3.8 立定跳遠

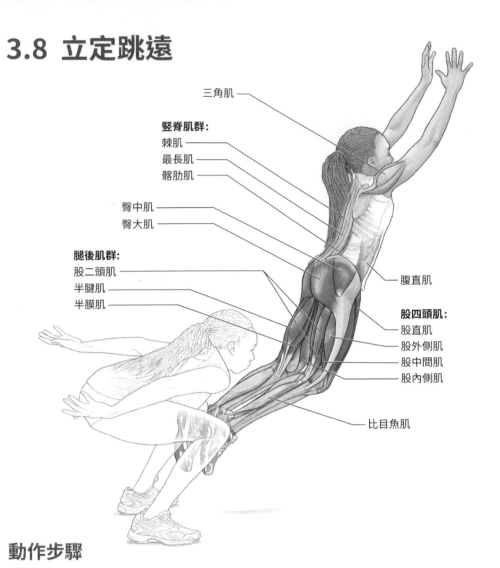

三角肌

豎脊肌群:
棘肌
最長肌
髂肋肌

臀中肌
臀大肌

腿後肌群:
股二頭肌
半腱肌
半膜肌

腹直肌

股四頭肌:
股直肌
股外側肌
股中間肌
股內側肌

比目魚肌

動作步驟

1. 雙腳保持骨盆寬度,身體面對前方,雙手擺在身體前方,配合下蹲蓄力動作揮向身體後側。下蹲到接近部分深蹲 (partial squat) 深度,身體向前傾,雙手甩到身體後方準備起跳。

2. 起跳方向維持向前向上約 40-45 度角的軌跡,雙手向前帶動甩過肩膀高度,伸展髖關節起跳騰空。

3. 準備落地時把膝蓋拉高到身體前方,讓雙腳帶動身體接近地面。落地衝擊分別由腳掌、腳踝、膝關節、髖關節到下背肌群的傳遞來吸收,落地後雙手擺在前方維持身體重心向前,避免向後跌倒。

基礎訓練

參與肌群

主要肌群：臀大肌、臀中肌、股四頭肌 (股直肌、股外側肌、股中間肌、股內側肌)、腿後肌群 (股二頭肌、半腱肌、半膜肌)

輔助肌群：豎脊肌 (棘肌、最長肌、髂肋肌)、三角肌、腹直肌、髂腰肌、比目魚肌

動作要點

　　立定跳遠同時整合了最大高度與最遠距離的跳躍，雖然立定跳遠常被用來比較水平距離，但跳躍過程中的垂直高度也是影響表現的關鍵。要建立最佳的彈跳軌跡需要充足的練習，掌握身體姿勢以及手臂帶動的時間點，配合腿部全力推蹬。

　　雙手用力向上揮可以帶動身體垂直方向的高度，因為立定跳遠同時包含水平與垂直兩個方向的力量，落地時也會同樣受到極大衝力。股四頭肌在落地時，為了抵銷水平衝力作減速會承受極大壓力。

　　因為立定跳遠對下肢以及下背負擔較大，編排訓練量必須特別留意。立定跳遠的動作每組反覆次數比垂直跳躍少，且需要更長的組間休息時間。

變化動作

搭配彈性阻力立定跳遠

　　透過在髖部套上彈力帶，可以強化選手立定跳遠的伸髖力量。

　　彈力帶固定在骨盆接近身體重心的位置，另一端由同伴拉住協助，同伴必須要控制力道讓彈力帶的阻力，剛好可以讓運動員全力跳躍，卻又不會過度限制運動員的伸髖動作。同時彈力帶也可以抵銷掉部分水平方向的落地衝擊，可以提高每次課表的訓練量。

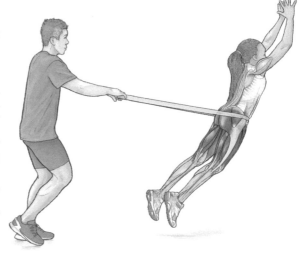

3.9 跨步蹦跳

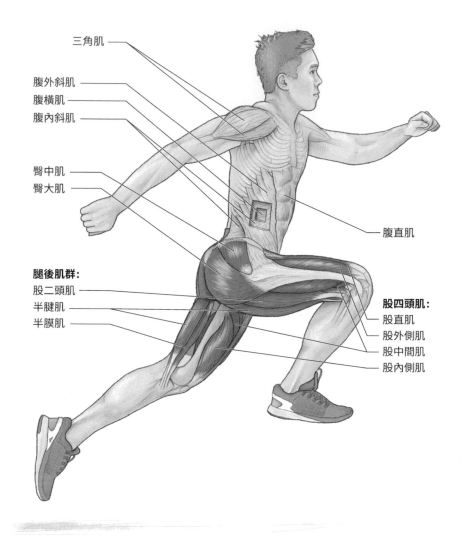

三角肌

腹外斜肌
腹橫肌
腹內斜肌

臀中肌
臀大肌

腹直肌

腿後肌群：
股二頭肌
半腱肌
半膜肌

股四頭肌：
股直肌
股外側肌
股中間肌
股內側肌

動作步驟

1. 雙腿平行站立預備後，其中一腳向前提膝並搭配對側手擺臂動作，另一腳用力向後延伸作推蹬。

2. 在騰空期，前腳開始準備落地，並注意用腳掌中足的部分觸地。觸地同時另一腳接著往前超過著地腳，往前往上提膝，上半身同樣配合對側手臂擺動，來維持整體動作協調與平衡。

3. 保持整體動作節奏不斷交錯換腳延伸推蹬，維持每下跳躍的高度與距離，並盡量縮短每下彈跳的觸地時間。透過擺臂的動作帶動肩關節與髖關節的轉動，增加每次彈跳的動力。

參與肌群

主要肌群： 臀大肌、臀中肌、股四頭肌 (股直肌、股外側肌、股中間肌、股內側肌)、腿後肌群 (股二頭肌、半腱肌、半膜肌)

輔助肌群： 腹橫肌、腹內斜肌、腹外斜肌、腹直肌、三角肌

動作要點

　　跨步蹦跳其實就是跑步動作的延伸加強版，蹦跳的動作訓練單腳連續循環發力，應用在跑步、跳高跳遠或多方向的動作上。透過有力的提膝動作帶動髖部向前移動，運動員必須讓每下觸地快速有力，同時產生水平與垂直的作用力，搭配上半身交錯擺臂的動作來平衡下肢轉動的力量。

　　剛開始可以在上坡路段練習較容易掌握技巧，而有些情況則需視不同專項需求調整，比方說對衝刺選手來說，訓練時應強調蹦跳的水平位移，而對需要跳高跳遠能力的項目來說，就需要同時強調水平與垂直高度。

變化動作

側向蹦跳

　　如果訓練目的是為了符合運動中所需的改變方向能力，那你可以試著改成左右兩邊來回的側向跨步蹦跳。因為動作方向改成左右兩側的移動，擺臂動作必須配合揮過身體中線來平衡下肢的側跳動作。一開始可以先採取較窄的側跳距離，隨著訓練進度增加寬度，跳躍方式同樣也必須像直線蹦跳一樣，維持彈性與快速短暫的觸地時間。

3.10 抬腿跳

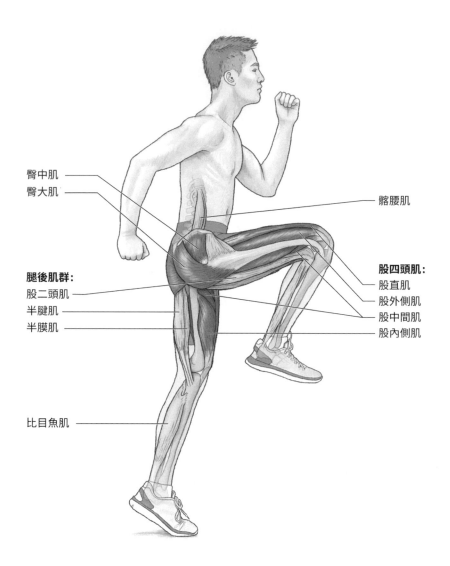

臀中肌
臀大肌

髂腰肌

腿後肌群:
股二頭肌
半腱肌
半膜肌

股四頭肌:
股直肌
股外側肌
股中間肌
股內側肌

比目魚肌

動作步驟

1. 動作開始時保持墊腳尖高站姿的方式,抬起其中一腳,膝蓋配合對側手擺臂往前,膝蓋要抬到超過骨盆高度,手掌擺動到與視線同高。

2. 膝蓋抬到骨盆高度後，往下快速蹬向身體前方地面，觸地同時另外一腳膝蓋快速抬高到骨盆高度，雙手交錯上下擺臂，平衡下肢換腳時的轉動慣量。

3. 蹦跳的動作節奏必需穩定，每下觸地保持彈性與速度。每次提膝前，腳掌會接觸地面兩次再進行下一次動作。

參與肌群

主要肌群： 臀大肌、臀中肌、股四頭肌 (股直肌、股外側肌、股中間肌、股內側肌)

輔助肌群： 腿後肌群 (股二頭肌、半腱肌、半膜肌)、比目魚肌、髂腰肌

動作要點

　　蹦跳的動作不只能夠加強基礎肢體動作與跑步跳躍的全身協調，更可以同時訓練下肢反射與彈性特質，縮短每下觸地時間。蹦跳動作必須保持輕盈快速，每下腳掌快速向下觸地，產生反作用力維持骨盆高度，專注在每下觸地的力量，維持起跳的動態協調。

　　上肢動作和跑步的擺臂類似，也可以調整成循環擺臂、延伸每下擺臂距離或雙手同時擺動的方式。蹦跳動作很常被用在暖身準備，因為動作強度適中可以適度刺激選手伸展反射，讓運動員可以適應主訓練的高強度動作。

變化動作

爆發力抬腿跳

　　爆發力蹦跳的動作姿勢與作法和基本蹦跳相同，但每下觸地必須產生更大反作用力與跳躍高度。重點在於加強每下伸膝與伸髖的力量，去增加每一跳的高度。落地時要盡可能協調地快速接著下一次蹬地起跳，搭配提膝和擺臂向上的爆發力。

3.11 雙腳階跳

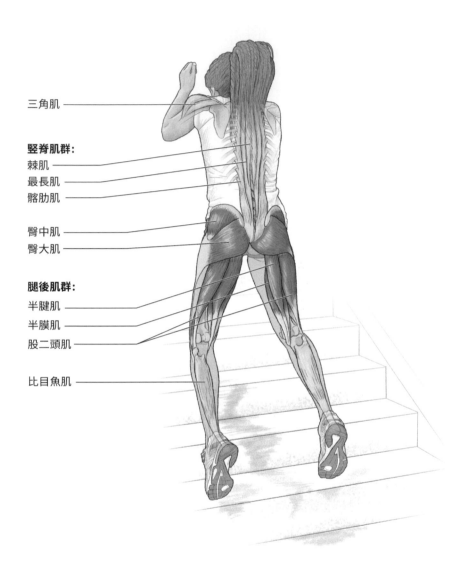

三角肌

豎脊肌群:
棘肌
最長肌
髂肋肌

臀中肌
臀大肌

腿後肌群:
半腱肌
半膜肌
股二頭肌

比目魚肌

動作步驟

1. 選擇一段適合自己跳躍能力的階梯或球場看台,依照訓練目標與自身能力,
   選擇每跳的階梯數與每組的跳躍次數。

雙腿保持骨盆寬度雙腳起跳，觸地必須快速有力把身體推到下一階的高度，雙手配合起跳用力上揮，並收回準備下一次跳躍。

3. 往上跳躍的速度必須持續加速或至少維持等速，並讓每跳觸地時間盡可能快速短暫。

參與肌群

主要肌群：臀大肌、臀中肌、股四頭肌 (股直肌、股外側肌、股中間肌、股內側肌)、腿後肌群 (股二頭肌、半腱肌、半膜肌)

輔助肌群：豎脊肌 (棘肌、最長肌、髂肋肌)、三角肌、腹直肌、髂腰肌、比目魚肌

動作要點

　　雙腳階跳是相當常用，且可以在較低落地衝擊的情況下，連續執行爆發力動作的有效方式。階跳的動作就是由連續最大的向心收縮與適度的離心收縮所組成，因此階跳很適合在訓練初期介入來增加爆發力。

　　建議每組 6-8 下的跳躍的訓練量，就可以在避免過度疲勞的狀況下達到訓練效果，並注意要有足夠的組間休息時間。隨著肌力爆發力進步，就可以增加每跳的階梯數以增加向心負荷，要避免挑戰超出能力的距離以免失足受傷。一旦你透過階跳建立足夠的向心肌力，便可以改成地面上的跳躍動作增加離心負荷。

變化動作

單腳階跳

　　在不增加階梯數的情況下，要提升跳躍負荷的作法就是改成單腳階跳。單腳跳可以各別強化下肢肌力與縮短觸地時間，剛開始訓練時可以透過組合跳的方式減少單腳的負擔。比方說以每腳兩跳的方式，左腳跳兩下換右腳跳兩下，來回交替完成每組每腳 10 跳的次數。同時單腳階跳也有助於增進單腳的協調性，可以加強運動員改變方向的能力。

3.12 低中高度欄跳

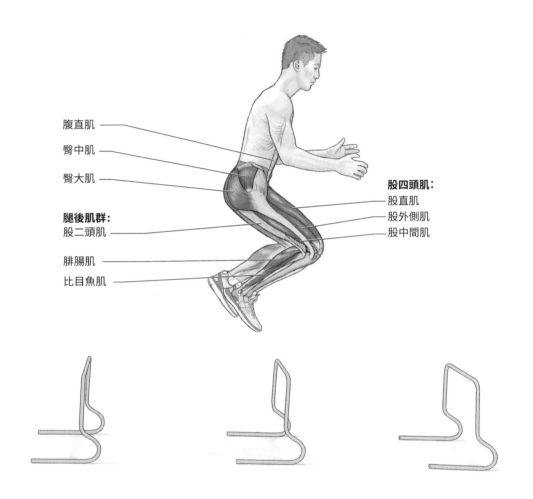

腹直肌

臀中肌

臀大肌

腿後肌群:
股二頭肌

腓腸肌

比目魚肌

股四頭肌:
股直肌
股外側肌
股中間肌

動作步驟

1. 選擇數個 12 英吋以下高度的小欄架,每個欄架間間隔約 2 到 3 英尺,以 6 到 12 個欄架為一列。

2. 以雙腳彈跳的方式跳過欄架,騰空與觸地過程都保持膝蓋微彎,起跳時配合雙手揮到身體前方,落地後擺到後方準備下次跳躍。

3. 運用下肢肌肉肌腱的彈性特質讓落地動作輕巧快速，連續欄跳的過程中，身體姿勢維持在相對較高的位置。

參與肌群

主要肌群：臀大肌、臀中肌、股四頭肌 (股直肌、股外側肌、股中間肌、股內側肌)、比目魚肌、腓腸肌

輔助肌群：腹直肌、髂腰肌、腿後肌群 (股二頭肌、半腱肌、半膜肌)

動作要點

低中高度的欄跳藉由小欄架提供一個垂直方向實際的障礙，讓你在跳躍動作能有一定的高度與距離。跟作直膝跳的重點一樣，要維持下肢的彈性反射以及全身的韌性，讓每下欄跳之間都能有輕巧俐落的觸地。

上肢擺臂的動作可以盡可能較小，專注在保持下肢的勁度與反射動作。落地和彈跳過程中膝蓋都保持微彎，如果你發現膝蓋彎曲角度過大，就先降低欄架高度維持標準的動作。

變化動作

側向低欄跳

把數個較低的欄架排成一直線，左右來回側向跳過，並沿著欄架排列方向跳躍前進。

3.13 藥球胸推

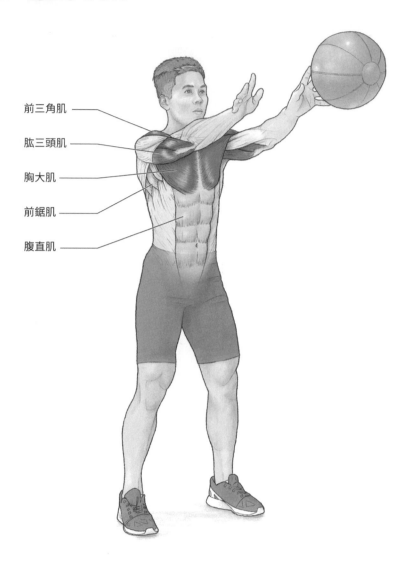

前三角肌

肱三頭肌

胸大肌

前鋸肌

腹直肌

動作步驟

1. 身體站高，雙腿與骨盆同寬，雙手抓住藥球拉向下胸位置，再用力把藥球推
   向同伴或者穩固的牆面。保持自己和同伴或牆面的距離適當，可以全力推出
   藥球不會掉到地面。

2. 接住藥球時，雙手吸收緩衝藥球的動力，並反向再次推向牆面或同伴。如果你面對牆壁推球，牆壁會快速反彈讓你立刻接著下一次動作。同樣如果你請同伴接傳球，也要模擬牆面反彈的速度與路徑。

3. 每下動作站穩腳步，保持力道與姿勢穩定。

參與肌群

主要肌群： 胸大肌、肱三頭肌、前三角肌

輔助肌群： 前鋸肌、斜方肌、腹直肌

動作要點

　　藥球胸推是基本上半身增強式訓練動作，運用藥球一接一推的動作特性，強化上半身肌力以及胸部肩部與上肢肌群的彈性特質，可以應用在許多專項動作中。每組中每下的推球動作，都要能維持有力的姿勢與穩定的核心以及雙腳平穩的接觸地面，任何一個環節的鬆懈，都會影響推球的動作品質。

　　訓練初期先以高反覆次數的方式（每組 10-15 下）建立基礎肌力，隨著肌力進步再減少反覆次數（每組 4-8 下）專注在發展爆發力與速度。

變化動作

深蹲藥球胸推

　　每下推球動作之間加入深蹲動作，可以兼顧下肢肌力與全身協調搭配。接到藥球後放在胸前作深蹲動作，起身回到站姿時推出藥球，並試著借助下肢推蹬的力量讓推球速度更快。無論是對牆或對人推球，要確保距離夠近，讓球的軌跡可以盡可能維持速度與胸前高度。

3.14 過頭藥球前拋

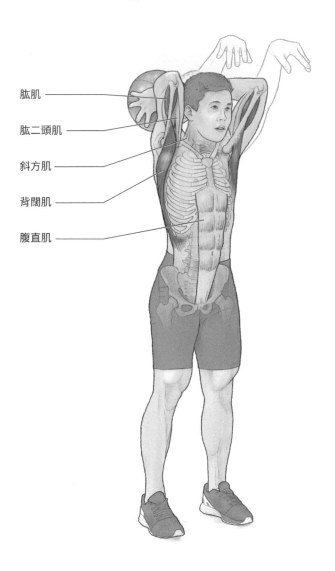

肱肌

肱二頭肌

斜方肌

背闊肌

腹直肌

動作步驟

1. 身體站直，保持雙腿與骨盆同寬，雙手抓住藥球放在胸前。開始時把藥球拉過頭頂到後腦勺的位置後，用力向前拋向同伴或堅固的牆面。剛開始訓練的階段選用較輕的藥球，並且不要距離同伴或牆面太遠，先讓動作可以簡單完成。

2. 在頭頂的位置雙手接住反彈的藥球，讓藥球的重量帶動前臂往腦後延伸，藉此預先伸展上半身主要動作肌群再次用力拋投。如果是對牆投擲，要注意適當距離，讓雙手可以快速接住反彈的藥球。

3. 動作過程中雙腿用力站穩，讓全身姿勢穩定。

參與肌群

主要肌群： 背闊肌、肱肌

輔助肌群： 腹直肌、斜方肌、肱二頭肌

動作要點

　　過頭藥球拋投的動作和足球發邊球的動作類似，要注意藥球不可以過重，因為手臂過頭到腦後的動作對肩膀的負擔較大。如果你請同伴幫忙傳接球，要確保雙方距離夠近讓動作可以連續不斷。

　　同樣對牆投擲也要有足夠近的距離，讓藥球的拋動軌跡可以順暢並且保持每下動作的節奏。透過核心控制穩定軀幹，讓過程中動作可以保持正確與穩定。

變化動作

跨步過頭藥球前拋

　　過頭拋投的動作也可以在拋出後，搭配向前跨步作弓箭步的動作 (lunge)。拋投方式和站姿拋投一樣，但在結束時借助拋投的動力向前跨步作弓箭步。拋出藥球後跨步腿蹬地，讓身體回到站姿準備接住反彈回來的藥球。每次拋投輪流交替左右腳，作跨步平衡訓練。

3.15 藥球轉體拋投

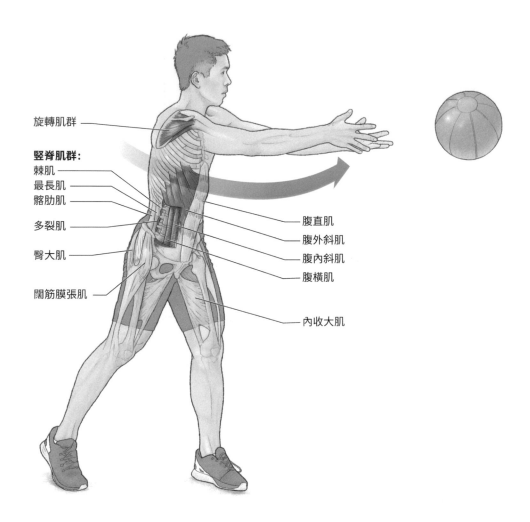

旋轉肌群

豎脊肌群：
棘肌
最長肌
髂肋肌
多裂肌
臀大肌
闊筋膜張肌

腹直肌
腹外斜肌
腹內斜肌
腹橫肌

內收大肌

動作步驟

1. 側身面向拋投方向，保持雙腿與肩同寬，膝蓋微彎站穩後挺直上半身。

2. 雙手抓住藥球，肩關節水平面轉向目標另一側，預先伸展核心肌群。

3. 配合轉體動作讓藥球沿著腹部水平面用力拋出，同樣也可以選擇對牆拋投或請同伴協助，注意維持適當距離來完成全力拋投與接球，肩膀與雙手配合拋投的動線擺動。

4. 接到牆面反彈或同伴傳回來的藥球後，身體再順勢轉回另一側，準備做下一次轉體拋投。

參與肌群

主要肌群： 腹橫肌、腹內斜肌、腹外斜肌、多裂肌、旋轉肌群

輔助肌群： 腹直肌、豎脊肌 (棘肌、最長肌、髂肋肌)、闊筋膜張肌、內收大肌、臀大肌

動作要點

藥球轉體拋投可以有效訓練軀幹轉體動作的爆發力，特別有益於投擲運動。強而有力的側向拋投必須借助下肢與地面反作用力的帶動，當力量由地面經由下肢來到核心，配合全身肌群共同收縮來產生爆發性的轉體拋投。

由於轉體動作需要透過下肢來發力，這個動作也可以同時提升多方向運動的能力，且相對於一般的敏捷訓練較不容易累積疲勞。

變化動作

坐姿藥球轉體拋投

採取坐姿的方式作藥球轉體拋投，減去下肢借力的部分，單純依賴上半身與核心肌群的力量。雖然坐姿的轉體動作並不是發展爆發力最有效的方式，但可以透過孤立作用肌群的方式，提高訓練的反覆次數。

3.16 爆發性藥球前推

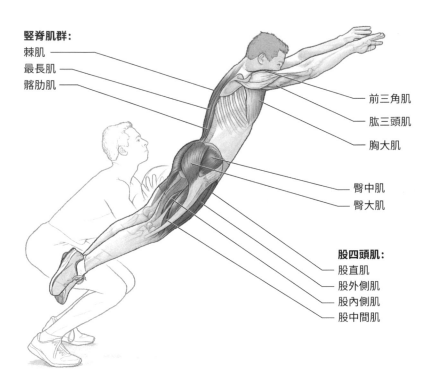

竪脊肌群:
棘肌
最長肌
髂肋肌

前三角肌

肱三頭肌

胸大肌

臀中肌
臀大肌

股四頭肌:
股直肌
股外側肌
股內側肌
股中間肌

動作步驟

1. 雙手抓在藥球後半部放在上胸前方後,雙腿與肩同寬,動作開始時下蹲到深蹲位置。

2. 重心向前傾到腳跟離地,感覺身體快要下墜時快速伸髖推蹬。

3. 當髖關節完全伸展後,順勢雙手用力向前方 35-40 度角推出藥球,跳出後往前踏幾步維持身體平衡,再拿起藥球作下一次前推動作。

參與肌群

主要肌群： 臀大肌、臀中肌、股四頭肌 (股直肌、股外側肌、股中間肌、股內側肌)、豎脊肌 (棘肌、最長肌、髂肋肌)

輔助肌群： 胸大肌、肱三頭肌、前三角肌

動作要點

　　爆發性藥球前推是非常適合訓練啟動肌力與爆發力的動作，特別是田徑衝刺起跑與游泳跳台起跳入水的動作。透過由下肢到上肢全身的快速連貫發力，也很適合訓練碰撞型運動如美式足球、英式橄欖球或冰上曲棍球。全身肌群一起參與的動作特性，也很適合作為爆發性運動前的暖身動作。

　　你也可以和同伴一起來回投擲藥球，或者在投出後慢跑撿球再反向投回，投擲距離大約為 9-20 公尺左右依個別能力有所落差，重點在於每次的投擲都可以盡全力把藥球投遠。

變化動作

爆發性藥球前推轉衝刺

　　試著把爆發性藥球前推融入衝刺起跑的動作中，在丟出球後配合向前的動力順暢轉換成 10-40 公尺的衝刺。使用約 6-10 磅的藥球作為衝刺起跑動作的向心負荷，透過額外增加負荷的方式，提升運動中啟始動作的爆發力。

3.17 過頭反向拋投

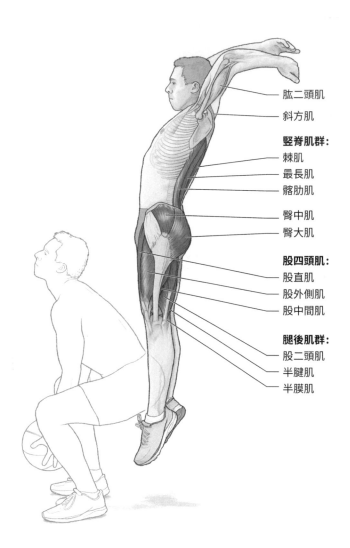

肱二頭肌
斜方肌

豎脊肌群:
棘肌
最長肌
髂肋肌

臀中肌
臀大肌

股四頭肌:
股直肌
股外側肌
股中間肌

腿後肌群:
股二頭肌
半腱肌
半膜肌

動作步驟

1. 雙手伸直把藥球抓在身體前方,雙腿與肩同寬,下蹲到深蹲位置,藥球下放到腳踝高度,上半身挺直維持脊柱中立。

2. 由深蹲姿勢快速跳起，雙手伸直直到髖關節完全伸展，足夠的伸髖力量會讓你的雙腳跳離地面。當雙腿完全伸直時，配合雙手把球往上往後過頭拋出。

3. 身體向後延展把球向後方 40-45 度角拋出，拋出後配合動力向後踏幾步作緩衝。

參與肌群

主要肌群： 臀大肌、臀中肌、股四頭肌 (股直肌、股外側肌、股中間肌、股內側肌)、豎脊肌 (棘肌、最長肌、髂肋肌)、腿後肌群 (股二頭肌、半腱肌、半膜肌)

輔助肌群： 斜方肌、肱二頭肌

動作要點

過頭反向拋投也是用來訓練與提升爆發力相當常見的動作。將藥球快速爆發地拋過頭頂的方式，是模擬垂直起跳的動作模式。

當運動員需要擁有可以從事蹲踞跳等爆發性動作的肌力與爆發力時，反向過頭拋投的動作就很適合拿來讓運動員模擬所需的肌群與動力鏈，相對的離心衝擊也較低。透過藥球投擲的距離，也可以提供一個實際的數據來設立訓練目標。

變化動作

爆發性低手前拋

這個訓練動作是利用類似挖地的姿勢，把球往前拋高。啟始動作和過頭反向拋投一樣，但在爆發性上升階段，身體重心向前傾，當髖關節完全伸直時把藥球向身體前方拋出。整體動作形式模擬向前跳躍的動力鏈，類似立定跳遠的執行方式。

MEMO

雙側下肢增強式訓練動作

有關增強式訓練動作的主題，都免不了針對下肢爆發性與彈性動作去討論。其中運動員的衝刺與跳躍就是最典型的增強式動作，透過下肢肌肉肌腱的彈性與反射特性，讓運動員完成跳上跳箱、跨越欄架或橫越場地等動作。正因為大多數運動項目都需要有下肢動作參與，針對不同專項需求選擇適當的下肢增強式動作來介入訓練，才能夠有效提升爆發力與動態表現。

除了完成動作本身之外，下肢肌群（圖 4.1）也需要完成落地、減速與改變方向的任務。這些肌群的訓練必須同時滿足不同專項的需求，並且能夠避免過度使用特定肌群或關節造成慢性損傷，因此理解特定運動項目的參與肌群，以及如何選擇適合的動作強化這些肌群，是制定訓練計畫的關鍵。

然而即便是不同的下肢增強式動作也有可能使用相同的動作肌群，因此理解這些動作彼此之間細微的差異不只可以提升表現，更可以降低受傷風險。臀部、腿後以及股四頭肌群都會參與不同角度的下肢增強式動作。

股四頭肌可以控制膝關節伸展完成跳躍與衝刺動作，但同時也在落地與改變方向中扮演離心減速的角色。腿後肌群則可以在爆發性的跳躍與衝刺加速階段，快速伸展髖關節，但同時也能協助屈曲膝關節的動作。臀部肌群是最有力的伸髖肌群，能幫助完成爆發性跳躍等動作，同時也是落地或改變方向時幫助身體減速的關鍵。來到膝關節之下是小腿肌群，包含可以產生快速彈性動作的腓腸肌，以及維持姿勢穩定的比目魚肌。

上述所有肌群的協調運作，才能造就訓練與競賽中的傑出運動表現。

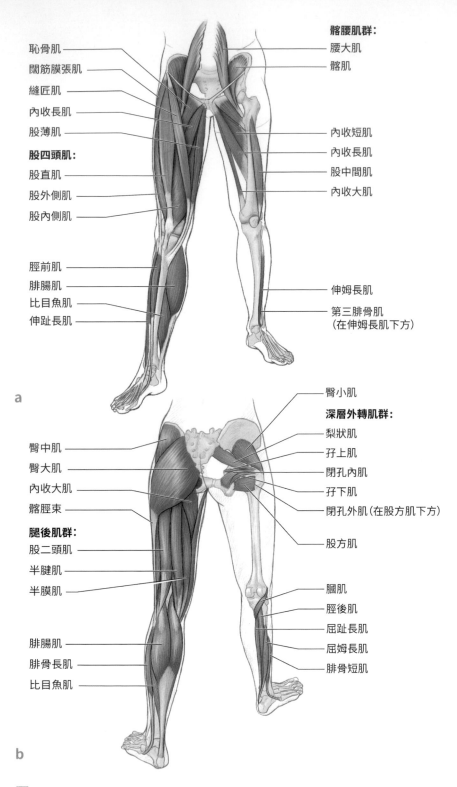

耻骨肌
闊筋膜張肌
縫匠肌
內收長肌
股薄肌

股四頭肌:
股直肌
股外側肌
股內側肌

脛前肌
腓腸肌
比目魚肌
伸趾長肌

髂腰肌群:
腰大肌
髂肌

內收短肌
內收長肌
股中間肌
內收大肌

伸姆長肌
第三腓骨肌
（在伸姆長肌下方）

a

臀小肌

深層外轉肌群:
梨狀肌
孖上肌
閉孔內肌
孖下肌
閉孔外肌（在股方肌下方）
股方肌

臀中肌
臀大肌
內收大肌
髂脛束

腿後肌群:
股二頭肌
半腱肌
半膜肌

腓腸肌
腓骨長肌
比目魚肌

膕肌
脛後肌
屈趾長肌
屈姆長肌
腓骨短肌

b

圖 4.1　下肢肌肉：a 正面，b 背面

透過雙腿參與動作，能讓運動員在相對平衡穩定的狀態下完成高強度訓練，這也是在訓練初期多採用雙側訓練動作的原因。雙腿訓練動作平均分配起跳與落地時的力量，相對單腳跳躍的動作對下肢負擔較小。在經過一段時間的下肢雙側訓練建立基礎肌力後，再介入單側訓練動作增加動作難度，與左右腿各別的訓練強度。

但也並非所有的雙側訓練動作對下肢的負擔都比單側動作低，不同的跳躍高度、水平速度或運動員本身的協調能力，都會影響特定彈跳動作的難度與衝擊。這也說明教練必須透過定期的監控去了解運動員的能力，並在正確的時間點介入合適的訓練動作。

對初學者來說，很顯然制定較保守的課表，透過基本雙側訓練動作先熟練跳躍與落地的技巧。以下有幾個下肢雙側的增強式訓練動作的類別，可以讓你循序漸進的提升強度與複雜程度。

4.1 箱跳變化動作

在第 3 章已經介紹過基本的箱跳動作，隨著運動員肌力爆發力與技巧進步，可以開始介入更多進階的箱跳動作。箱跳在訓練跳躍時，向心收縮能力以及跳躍動作可以有效減少落地衝擊。在箱跳動作中提高難度與融入複合式動作，可以訓練整體肌群的應用與協調。

4.2 雙腳原地跳躍

如果受限於訓練空間無法搭配器材作訓練，原地雙腳跳躍動作就是很好的替代方案，同樣能提升跳躍動作肌力與爆發力。但相對於箱跳來說，原地跳躍會有更大的落地衝擊，所以在原地跳躍動作的變化上需要更謹慎評估。原地跳躍動作的訓練，可以幫助運動在下個階段進階到跳遠系列的動作，加入垂直與水平方向的發力訓練。

4.3 複合式原地跳

原地跳躍的訓練可以結合一系列衍生動作，去增加動作範圍以及不同肌群的運用。原地跳躍不只能夠強化肌力、爆發力與能量系統，更可以透過和不同動作結合提供大量的變化，讓動作更貼近專項需求。

常見的作法就是在每一下的原地跳交替變化的訓練動作，也可以透過兩種不同動作組成新的複合式跳躍，重點是要選擇自己能力範圍內的動作去結合，當然要結合變化動作之前，要先能完全熟練基本的原地跳躍動作之後再做進階變化。

4.4 跳遠動作

在雙側跳躍動作中加入水平方向的動作作結合。如果把衝刺能力當作重點目標，那水平方向的跳躍就是連結垂直跳訓練與跑步動作間的橋樑。其實許多跳躍訓練動作都可以在垂直與水平方向間的比例作調整，透過訓練去找到最有力的觸地方式以及雙腿的擺位，確保產生足夠的水平加速度，以及以最小水平阻力的方式落地去維持水平速度，必要的時候也維持一定垂直高度。

跳遠系列的動作也很適合量化作比較，因為通常每組跳遠動作都會以完成一段距離的跳躍或跳過數個障礙物為單位，在介入跳遠訓練的初期先讓運動員以次最大努力 (7-8 成力) 去完成每組動作，等運動員掌握跳躍技巧並建立肌力後，再嘗試以盡全力完成每下跳遠動作。

4.5 複合式跳遠動作

雙側跳躍動作可以搭配許多變化形成複合式訓練同時加強體能與技術，而編排訓練的方式不外乎讓運動員去適應起跳與落地的壓力，同時處理水平與垂直方向的受力。用來搭配的動作，則可以模擬運動賽場上所需的能力，比方說籃球員在球場上會需要快速向前跳躍，並接著往上垂直跳爭搶籃板球或蓋火鍋。美式足球

員則需要跳過防守者的阻攻並且側向移動作擒抱。因此複合式的跳遠訓練可以貼近賽場上動態表現需求，同時提升專項體能與技巧。

4.6　障礙跳

除了透過原地跳躍以及跳遠系列的動作，可以有效提升增強式動作表現，在跳躍過程中加入垂直方向的障礙物，更可以讓運動員在連續的跳躍中都維持全力。同時跳過每個障礙也能帶給運動員明確的目標與成就感，所以在訓練中加入垂直障礙可以提升動作完成度以及越過障礙的趣味性，在整個增強式訓練計畫中是很重要的一環。

在競技運動史上，田徑項目中的跨欄就是最經典的增強式跳過障礙物的動作。然而競賽用的欄架相對笨重且，一旦不小心失足很容易絆倒摔傷。訓練用的欄架則有較輕巧的結構且可以因應不同能力調整高度。

但如果沒有現成的欄架可用時，交通錐或安全泡綿墊也可以用來提供垂直方向的障礙。然而障礙物實際的高度並不是重點，重點是要能確保運動員的起跳路徑安全地往上躍過障礙物，反而要避免障礙物的高度過高，迫使運動員過度的屈膝動作。要讓運動員在跳過欄架時維持適度的髖屈角度，並維持固定姿勢準備安全落地。

4.7　複合式欄跳

透過欄架的擺位調整，可以在同一組跳躍內改變方向與跳躍高度。高矮欄架的搭配可以增加高度的變化性，欄架擺放的位置可以讓運動員向前或側向跳過障礙。這些在高度與擺位的變化，可以讓運動員在訓練過程中學習因應障礙調整自己的動作。

4.8 落地跳與深跳

由跳箱或較高的平台上跳落到地面，藉由重力來增加落地時相關肌群的徵召。在某些情況下，你透過落地跳的動作增加離心負荷訓練緩衝肌力與技巧，或者你藉由落地跳誘發伸展收縮循環，接著馬上反射跳上更高的跳箱或跳過障礙。

在所有的深跳動作中，選擇適合的跳箱高度來誘發伸展收縮循環，讓肌力、爆發力與速度有最大發揮，同時又能避免高度過高造成傷害風險。在多數情況下寧可避免受傷也不要操之過急。有許多訓練課表可以參考適當的跳箱高度，但仍要注意訓練的反應還是會有各別的差異。訓練時還是必須透過生理評估以及運動員的回饋來決定跳箱高度，讓訓練計畫以漸進的方式由次最大到最大努力的跳躍，循序漸進才能有最好的效果。

4.9 欄架搭配跳箱複合式跳躍

利用數個跳箱與欄架可以編排一組訓練動線，過程包含跳上與跳下不同高度的跳箱，並在跳箱間穿插安排高矮不一的欄架去搭配，讓訓練富有挑戰卻又不會增加傷害風險。這種欄架與跳箱的組合方式讓運動員在安全的特定動線，且可以調整漸進難度的方式完成各種彈跳動作。正常來說每組動線的跳躍次數不要高於 12 次，以便維持動作品質與速度。

4.9.1 變換高度訓練

透過不同高低的欄架或跳箱以直線排列的方式，讓運動員調整最大與次最大的跳躍力量，學習如何控制動作力量輸出的大小，是許多運動項目共同的課題。根據自身肌力、爆發力與技術水平去安排特定的高低動線。高層級的運動選手可以在動線中增加高障礙的數目，而初學者的動線則以較低的障礙為主，再穿插少數的高障礙挑戰。

4.9.2 變換方向訓練

另一種更複雜的編排方式，是加入側向跳過障礙與側身或轉體跳上及跳下跳箱的動作，但要注意動作編排不可以過於繁複，重點在於能符合專項需求給予適度的挑戰，而非追求複雜的動作反而增加受傷風險。結合水平與垂直方向的跳躍來模擬運動賽場上會需要的動作發力模式，透過適當的編排讓運動員在訓練中可以安全的從事這些動作。

4.9.3 複合式階跳

運用一段階梯來從事雙腳跳躍動作的訓練，很適合結合多方向的變化及不同的訓練強度，因為通常階跳都是往高處作跳躍，相對欄跳及箱跳落地離心負荷較少，因此階跳系列的動作很適合作為箱跳與欄跳前的準備動作。階梯同樣可以被視為垂直方向的障礙物，只是少了跳箱和欄架會產生的離心壓力。

階跳的形式可以是一次一階或一次數階，你也可以編排有強度變化的訓練方式，透過一次一階和一次兩階或數階的跳躍去交錯完成一組。可以使用小的角錐或標示物在階梯上作記號，讓運動員知道每跳的目標。如果像球場看台的大小，在階梯寬度允許的情況下可以加入側向的階跳動作，同時訓練垂直爆發力與側向移動的敏捷性。

4.10 箱跳反應訓練

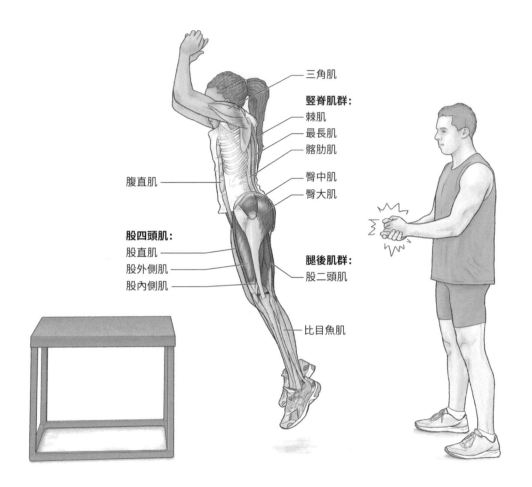

三角肌

豎脊肌群:
棘肌
最長肌
髂肋肌

臀中肌
臀大肌

腹直肌

股四頭肌:
股直肌
股外側肌
股內側肌

腿後肌群:
股二頭肌

比目魚肌

動作步驟

1. 選擇自己可以輕鬆跳上高度適中的跳箱,雙腿以 1/4 深蹲的姿勢在跳箱前準
   備,模擬運動員站姿 (athletic stance) 或準備起跳時的膝屈角度。

2. 教練透過拍手、喊聲或手勢等方式給予運動員起跳的訊息,運動員接收到訊
   息後立刻起跳上跳箱。

3. 動作形式和未負重的箱跳相同，重點在於髖膝踝三關節爆發性的伸展動作，盡可能讓動作的速度越快越好。

4. 盡最大的速度達到跳箱頂部，雙腿同時接觸箱頂。走下跳箱回到啟始姿勢準備下一次跳躍。

參與肌群

主要肌群： 臀大肌、臀中肌、股四頭肌 (股直肌、股外側肌、股中間肌、股內側肌)、腿後肌群 (股二頭肌、半腱肌、半膜肌)

輔助肌群： 豎脊肌 (棘肌、最長肌、髂肋肌)、三角肌、腹直肌、髂腰肌、比目魚肌

動作要點

箱跳反應訓練可以用聲音或視覺回饋來給選手訊號，讓運動員學習如何縮短爆發力動作反應時間以及提高發力率 (rate of force development)。

利用聲音回饋的部分，教練或同伴可以站在選手身後用拍手、哨音、喊聲等方式執行。視覺回饋則包含手勢、肢體動作、丟球或閃光燈，有些時候甚至可以在比賽期配合使用和運動項目相關的聲音回饋。訓練期則用上述一般的提醒方式，這些訊號的目的在於讓選手保持競賽的警覺性與專注。

動作變化

碰觸箱跳反應訓練

除了上述的聲音與視覺的回饋，你也可以視需求改用觸碰的方式，藉由觸碰選手肩膀或下背給予選手爆發力起跳的訊息。碰觸的回饋方式可以加強選手的身體知覺，如果同時搭配聲音可以有更大的刺激反應，因此可以試著在訓練計畫中適度導入觸覺回饋的方式增加變化性。

4.11 轉體箱跳

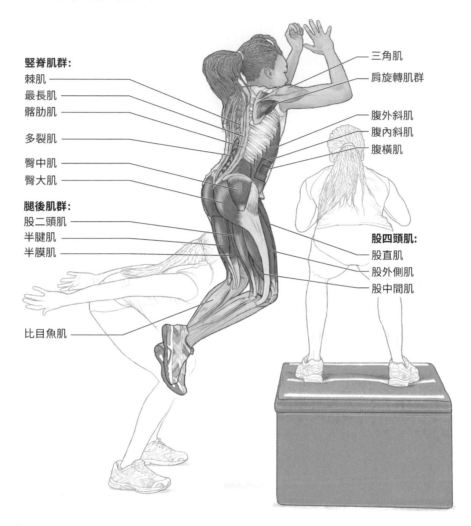

竪脊肌群：
棘肌
最長肌
髂肋肌

多裂肌

臀中肌
臀大肌

腿後肌群：
股二頭肌
半腱肌
半膜肌

比目魚肌

三角肌
肩旋轉肌群

腹外斜肌
腹內斜肌
腹橫肌

股四頭肌：
股直肌
股外側肌
股中間肌

動作步驟

1. 選擇符合自身跳躍能力高度的跳箱，可以用蹲踞跳或反向跳的方式跳上跳箱。

2. 起跳時透過下肢腿蹬產生向上動力，配合上肢擺臂動作。

3. 起跳後手臂、肩膀與頭部往預定的方向轉動，帶動核心與下肢一起完成轉體動作。

4. 轉動的角度主要由上半身帶動的力量大小決定，依照專項需求可以作 90-360 度的
   轉體。落地時上半身面向預定角度結束的方向，下肢同時落到箱上維持穩定平衡。

參與肌群

主要肌群： 臀大肌、臀中肌、股四頭肌 (股直肌、股外側肌、股中間肌、股內側肌)、腿後肌群 (股二頭肌、半腱肌、半膜肌)、腹橫肌、腹內斜肌、腹外斜肌、多裂肌、肩旋轉肌群

輔助肌群： 豎脊肌 (棘肌、最長肌、髂肋肌)、三角肌、腹直肌、髂腰肌、比目魚肌、內收肌群

動作要點

轉體箱跳結合垂直往上的爆發力以及身體控制協調能力。轉體的方向與角度主要取決於上半身的動作與慣性，起跳後藉由肩膀與頭部的轉動，就可以產生相當程度的轉體動力，對於需要改變方向能力與敏捷性的運動員，是相當有效的訓練動作。在轉體動作中，頭部與上半身的運用就如同方向盤或船舵扮演啟動關鍵。

轉體箱跳動作同時也訓練身體在空中的本體感覺，對於花式溜冰和自由滑雪的選手來說，很適合作為非賽季期間的陸上訓練動作。

訓練時要依自身能力選擇跳箱高度以及轉體角度，轉體箱跳雖然是很好的複合式動作，但訓練時必須依照課表循序漸進避免受傷風險。

變化動作

轉體箱跳單腳落

在轉體箱跳中加入單腳落地動作，訓練運動員在敏捷與改變方向中所需要的肌力與穩定。單腳落的形式可以增加原本動作中下肢關節的轉動壓力，訓練時必須讓每隻腳落地與左右兩邊轉動的次數相同。

不同的轉動方向會對落地腳產生不同的受力，如果你跳上跳箱時搭配 90 度的左轉與左腳落地，這時候主要訓練的就是左腿的股中間肌與內收肌群。如果相同的轉動方向改成右腳落，主要參與的肌群則變成股外側肌、臀大肌以及臀中肌。因應賽場所有可能的落地情況，在訓練中做出完整的模擬去調整自己需要搭配的動作。

雙側下肢增強式訓練動作　　**73**

4.12 前後反向跳

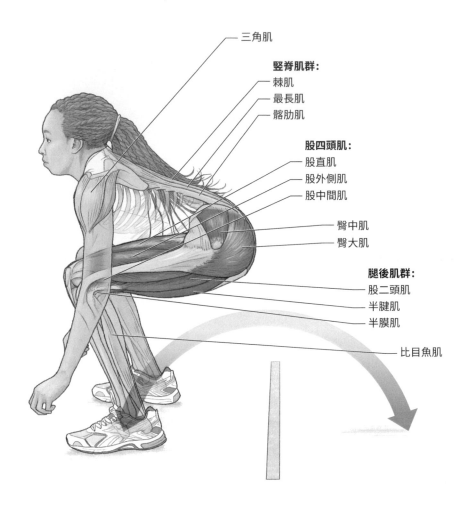

- 三角肌
- **豎脊肌群：**
  - 棘肌
  - 最長肌
  - 髂肋肌
- **股四頭肌：**
  - 股直肌
  - 股外側肌
  - 股中間肌
- 臀中肌
- 臀大肌
- **腿後肌群：**
  - 股二頭肌
  - 半腱肌
  - 半膜肌
- 比目魚肌

動作步驟

1. 雙腳站在球場或訓練場標線後方，藉由反向下蹲預伸展準備爆發性彈跳。雙腿與肩同寬，下蹲膝蓋屈曲角度不低於 90 度，雙手配合向後擺臂準備往上跳。

2. 盡全力往上垂直跳起，配合一小部分向前水平位移讓身體超過標線。起跳後在空中要有意識準備穩定落地後，再次往後起跳。

3. 落地時前腳掌先著地，隨後腳跟觸地把力量往上，由大腿臀部一路分散到下背。再次快速起跳，配合一部分水平往後位移到原位。重複前後反覆的跳躍。

參與肌群

主要肌群： 臀大肌、臀中肌、股四頭肌 (股直肌、股外側肌、股中間肌、股內側肌)、腿後肌群 (股二頭肌、半腱肌、半膜肌)

輔助肌群： 豎脊肌 (棘肌、最長肌、髂肋肌)、三角肌、腹直肌、髂腰肌、比目魚肌

動作要點

透過在球場或跑道上的標線，可以作為一個有形且安全的目標，讓運動員可以前後甚至左右來回跳過目標距離。標線的目的就是提供可見的水平位移目標，在全力垂直爆發跳躍的同時，保留一小部分水平位移的空間，訓練運動員在爆發性動作中的協調能力。

變化動作

多方向反向跳躍

在地面上畫出幾何圖形，來標示水平位移的方向是常見的訓練方式，比方說沿著正方形或五角形的邊線反覆跳進跳出的作法。除了以垂直方向的全力跳躍，你也可以藉由較低的跳躍與較短的觸地時間，來強調水平方向的移動速度。

4.13 收腿跳

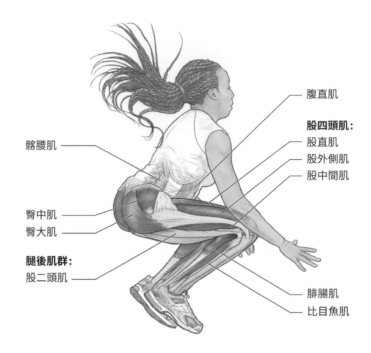

髂腰肌

臀中肌
臀大肌

腿後肌群:
股二頭肌

腹直肌

股四頭肌:
股直肌
股外側肌
股中間肌

腓腸肌
比目魚肌

動作步驟

1. 雙腿保持骨盆寬度,腳尖朝前或稍微外旋維持姿勢穩定。

2. 從站在地面開始反向下蹲,預伸展下肢彈性結締組織。上半身微微前傾準備起跳,雙手向後擺,準備起跳時向上配合向上揮動。

3. 起跳的方式和反向跳相同，快速向上擺臂後，爆發性伸展髖關節讓軀幹挺直。當你在空中，軀幹到下肢呈一直線時，開始把膝蓋提高到大腿與地面平行，這時候身體達到跳躍的最高點。

4. 當身體開始下降時，放下雙腿到接近全直的位置。腳掌背屈讓小腿肌群預先伸展準備彈性落地。雙手觸地時順勢往後揮，回到起跳姿勢準備下一次彈跳。

參與肌群

主要肌群： 臀大肌、臀中肌、股四頭肌 (股直肌、股外側肌、股中間肌、股內側肌)、比目魚肌、腓腸肌

輔助肌群： 腹直肌、髂腰肌、腿後肌群 (股二頭肌、半腱肌、半膜肌)

動作要點

收腿跳是由連續的彈性觸地起跳，搭配在最高點的提膝動作。雖然通常是以原地跳躍的方式訓練，但動作本身會訓練到跳過欄架等動作的相關肌群，因此很適合作為介入障礙跳之前的準備訓練。

專注在每下觸地動作快速有力，徹底發揮小腿與腳掌的彈性特質。此外搭配下肢推蹬以及雙手擺臂的時間點，才能有效提升跳躍高度。因為收腿跳是屬於肌肉收縮程度相對高的運動，訓練時必須維持充足的組間休息時間來確保動作品質。

變化動作

側向與轉體收腿跳

一旦你已經熟練收腿跳動作的時機與技巧，便可以試著加入其他變化方式，比方說加入水平位移的方式，左右來回側身跳過垂直障礙物如欄架、長椅或地上的標線。你也可以在收腿跳動作中搭配 90、180、360 度的轉體變化。訓練初期先以每跳旋轉 90 度的方式開始，等運動員能穩定控制身體協調後再增加角度。

4.14 踢臀跳

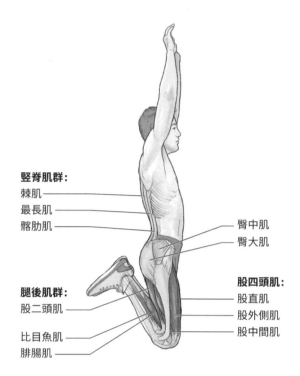

竪脊肌群:
棘肌
最長肌
髂肋肌

臀中肌
臀大肌

腿後肌群:
股二頭肌

比目魚肌
腓腸肌

股四頭肌:
股直肌
股外側肌
股中間肌

動作步驟

1. 雙腳與骨盆同寬,快速反向下蹲預伸展下肢肌群與結締組織後,雙手用力上擺把身體帶向空中。

2. 身體跳起後，盡可能彎曲膝蓋把腳跟提向臀部，在最高點時膝蓋作最大屈曲。

3. 身體下降時，下肢回到接近全直的位置，腳掌背屈預先提高小腿肌群張力，爆發且有彈性的觸地。剛開始練習踢臀跳可以先以單一次的彈跳為主，專注學習在落地時保持彈性，快速再次借力反彈跳起。

參與肌群

主要肌群： 股四頭肌 (股直肌、股外側肌、股中間肌、股內側肌)、比目魚肌、腓腸肌、腿後肌群 (股二頭肌、半腱肌、半膜肌)

輔助肌群： 臀大肌、臀中肌、腹直肌、豎脊肌 (棘肌、最長肌、髂肋肌)

動作要點

踢臀跳的動作是來自於模擬跳遠選手起跳後滯空階段的姿勢，起跳後把髖部向前頂出，雙腳收到身體後方。體操或自由滑雪選手在作空翻動作時，也會有類似的滯空動作。要能正確完成這個動作，需要足夠的屈髖肌與下背柔軟度，同樣地在每跳落地時一樣要有足夠彈性的落地再起跳。

變化動作

側向踢臀跳

可以配合小欄架作短暫來回觸地的側向踢臀跳訓練。腳跟踢臀的動作讓髖部向前推，保持下肢高勁度的動態落地與起跳，動作過程一樣保持快速有彈性，並延展屈髖肌讓上半身挺直。

4.15 分腿跳

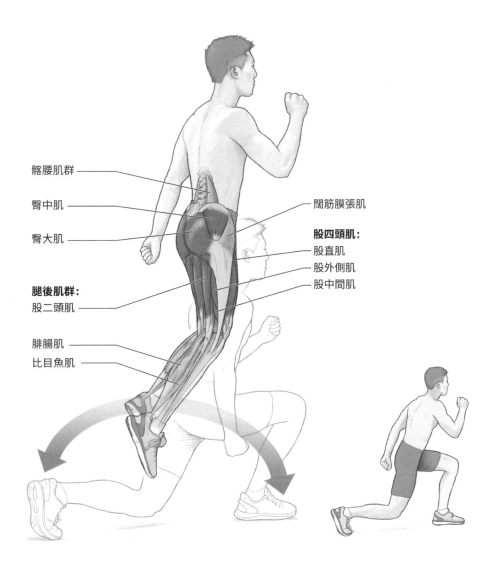

髂腰肌群

臀中肌

臀大肌

闊筋膜張肌

股四頭肌：
股直肌
股外側肌
股中間肌

腿後肌群：
股二頭肌

腓腸肌
比目魚肌

動作步驟

1. 雙腿以髖部為準，一腳前一腳後站開，以分腿半蹲的姿勢作準備。注意雙腳
   分開的距離適當，避免過遠減低髖部發力影響跳躍高度。

80

2. 可以雙手同時或單手配合雙腳作相反方向的擺臂，起跳到空中後，前後腳互換準備落地。

3. 落地時雙腿前後分開到與啟始姿勢相同的距離，前腳落地把衝擊平均分散到腳掌上，透過腿後肌群、股四頭肌以及臀部肌群來吸收，後腳腳尖向前以前腳掌的部分著地。

4. 觸地後快速藉由下肢肌群的彈性特質再次起跳，上肢同樣向上用力擺臂。

參與肌群

主要肌群： 臀大肌、臀中肌、股四頭肌 (股直肌、股外側肌、股中間肌、股內側肌)、腿後肌群 (股二頭肌、半腱肌、半膜肌)

輔助肌群： 髂腰肌、縫匠肌、闊筋膜張肌、比目魚肌、腓腸肌

動作要點

　　分腿跳的動作模式會讓其中一腳承受額外的衝力，而另外一腳則協助維持穩定。動作中，前腳藉由腿後與臀部肌群來吸收大部分落地衝擊，而後腳則依賴股四頭肌與屈髖肌群 (髂腰肌、縫匠肌、闊筋膜張肌) 來支撐體重。

　　分腿跳也是一種模擬競賽中動態弓箭步的訓練動作，比方說網球跳跨步救球的動作就很常見。剛開始訓練時，前後腳的距離不需要分得太遠，隨著肌力與柔軟度上升後再採用較開的分腿姿勢。

變化動作

分腿跳搭配藥球轉體

　　雙手抓住藥球擺在身體前方，起跳時搭配上半身轉動，讓藥球劃過前腳大腿上方。下一次起跳，同樣再把藥球往反方向再次劃過身體前方與另一腳大腿上方，讓藥球來回的動作保持節奏，去平衡前後換腳時身體的轉動慣量。

4.16 反向跳搭配收腿跳

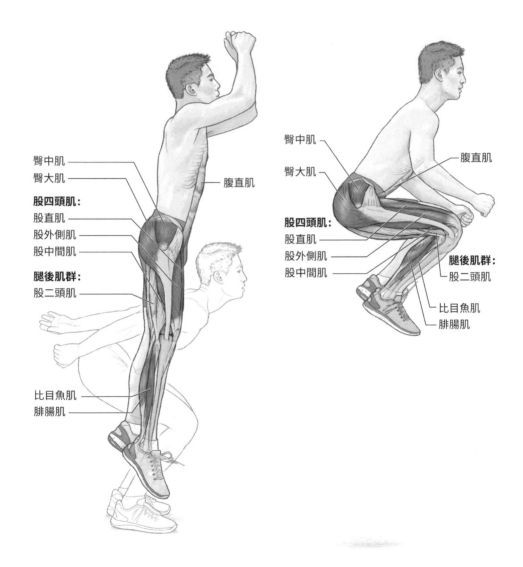

臀中肌
臀大肌

腹直肌

股四頭肌：
股直肌
股外側肌
股中間肌

腿後肌群：
股二頭肌

比目魚肌
腓腸肌

臀中肌

臀大肌

腹直肌

股四頭肌：
股直肌
股外側肌
股中間肌

腿後肌群：
股二頭肌

比目魚肌
腓腸肌

動作步驟

1. 起跳方式和反向深蹲跳的方式相同，在空中髖膝踝三關節完全伸展，落地時
   同樣以快速觸地的方式用前腳掌著地。

2. 觸地時快速運用肌肉肌腱彈性再次起跳，往上騰空時和收腿跳方式相同，把膝蓋往上提到大腿平行地面的位置，下降時改成全腳掌著地準備再換回深蹲。兩種跳躍動作反覆交替。

3. 反向深蹲跳相對收腿跳需要較長的觸地時間，在起跳時完全伸展下肢達到最大高度。

參與肌群

主要肌群： 臀大肌、臀中肌、股四頭肌 (股直肌、股外側肌、股中間肌、股內側肌)、比目魚肌、腓腸肌

輔助肌群： 腹直肌、髂腰肌、腿後肌群 (股二頭肌、半腱肌、半膜肌)

動作要點

反向深蹲跳與收腿跳在騰空與著地時期，都需要完全不同的技術重點。反向深蹲跳在騰空期會因為全力起跳而完全伸展髖部，收腿跳則是在最高點收縮屈髖肌群。

在觸地階段的部分，反向深蹲跳需要較長的緩衝時間，而收腿跳則必須以更快更有彈性的方式觸地來刺激伸展收縮循環。

4.17 反向跳搭配星跳

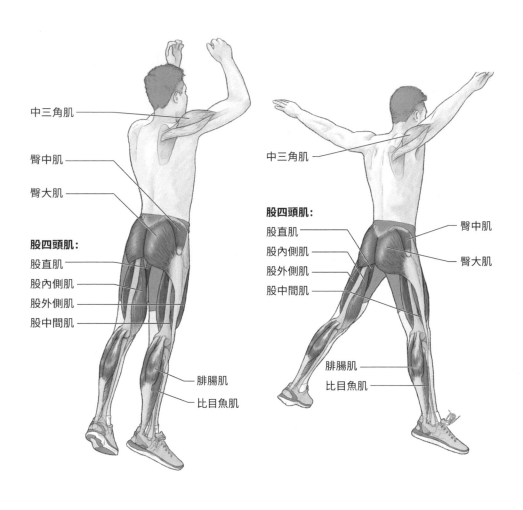

中三角肌

臀中肌

臀大肌

股四頭肌：
股直肌
股內側肌
股外側肌
股中間肌

腓腸肌
比目魚肌

中三角肌

股四頭肌：
股直肌
股內側肌
股外側肌
股中間肌

臀中肌

臀大肌

腓腸肌
比目魚肌

動作步驟

1. 先從反向深蹲跳開始動作，在空中讓身體延展到最高點。落地時和連續的反向跳躍一樣保持相同的觸地時間，並蓄力準備下一次跳躍。

2. 下一次的的動作以相同的方式起跳,但在騰空期外展雙腿與雙手到最高點時,身體呈星狀。落下時內收手臂與雙腿,準備落地後再次起跳。

3. 星跳落地後再次反向深蹲起跳,保持動作的節奏與騰空的高度。

參與肌群

主要肌群: 臀大肌、臀中肌、股四頭肌 (股直肌、股外側肌、股中間肌、股內側肌)、比目魚肌、腓腸肌

輔助肌群: 中三角肌、臀小肌

動作要點

透過反向深蹲跳與星跳的搭配,在騰空期作出不同的變化,除了原本的三關節的伸展,又加入四肢外展的星狀動作。上肢與下肢在騰空期的外展動作,增加了中三角肌與臀小肌的參與。

4.18 原地收腿跳搭配踢臀跳

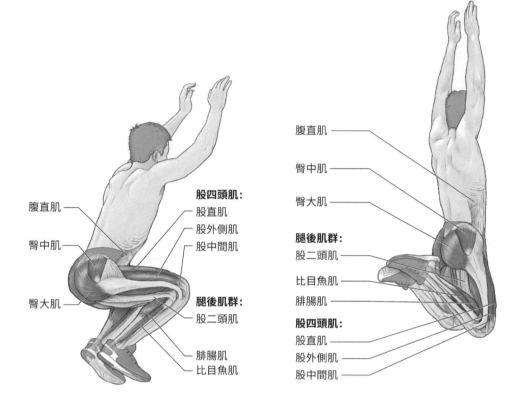

腹直肌

臀中肌

臀大肌

股四頭肌：
股直肌
股外側肌
股中間肌

腿後肌群：
股二頭肌

腓腸肌
比目魚肌

腹直肌

臀中肌

臀大肌

腿後肌群：
股二頭肌

比目魚肌

腓腸肌

股四頭肌：
股直肌

股外側肌

股中間肌

動作步驟

1. 快速爆發的方式起跳收腿，在空中把膝蓋提高到髖部高度後再放下準備落
地。

2. 藉由前腳掌快速彈性的方式觸地後，再度反跳到空中，膝關節屈曲把腳跟抬高向臀部，在最高點時髖關節向前延展頂出。

3. 踢臀跳完成後，放下小腿準備用腳掌落地。注意保持觸地快速與彈性，再次起跳作收腿跳。

參與肌群

主要肌群： 臀大肌、臀中肌、股四頭肌 (股直肌、股外側肌、股中間肌、股內側肌)、比目魚肌、腓腸肌。

輔助肌群： 腹直肌、髂腰肌、腿後肌群 (股二頭肌、半腱肌、半膜肌)、縫匠肌

動作要點

　　收腿跳與踢臀跳的組合，在騰空期同時包含兩個相反方向的動作：收腿跳包含強力的屈髖肌收縮，而踢臀跳則需要在最高點延展髖關節。

　　這兩種分別快速伸展與收縮主要屈髖肌群（髂腰肌、縫匠肌與股直肌）的彈跳方式，可以模擬許多運動項目中的動態動作。但這個組合彈跳的訓練方式，也因為需要下肢大肌群大範圍的伸展收縮，以及每一下確實的彈性跳躍，所以難度相對較高。

4.19 直膝跳搭配收腿跳

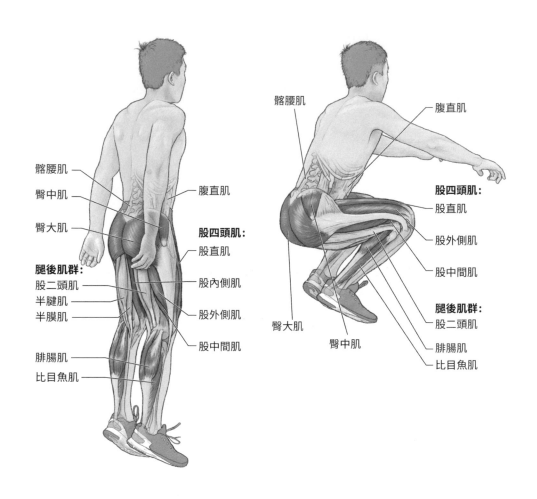

髂腰肌

臀中肌

臀大肌

腹直肌

股四頭肌:
股直肌

腿後肌群:
股二頭肌
半腱肌
半膜肌

股內側肌

股外側肌

股中間肌

腓腸肌

比目魚肌

髂腰肌

腹直肌

股四頭肌:
股直肌

股外側肌

股中間肌

腿後肌群:
股二頭肌

腓腸肌

比目魚肌

臀大肌

臀中肌

動作步驟

1. 以反向微蹲的方式，透過小腿與腳掌發力作直膝跳，每次彈跳都以前腳掌保
持小腿彈性的方式落地，借助快速伸展收縮的力量再次起跳。

2. 直膝跳落地後，借助下肢彈性接著作原地收腿跳，在空中把膝蓋提到骨盆高度。收腿跳比直膝跳需要更多全身參與，與更高的動作強度。

3. 完成收腿動作後放下膝蓋，伸直雙腳準備落地後，再接著作直膝跳。每跳交替之際保持一定的節奏與快速有彈性的觸地彈跳。

參與肌群

主要肌群： 臀大肌、臀中肌、股四頭肌 (股直肌、股外側肌、股中間肌、股內側肌)、比目魚肌、腓腸肌

輔助肌群： 腹直肌、髂腰肌、腿後肌群 (股二頭肌、半腱肌、半膜肌)

動作要點

　　直膝跳和收腿跳的搭配，很適合讓青少年運動員在剛接觸複合式訓練動作時使用。由於連續的收腿跳對青少年運動員相對較吃力，從中穿插較輕鬆的直膝跳，可以在維持一定強度與連續性的狀況下，同時保持快速彈性的觸地彈跳。除此之外，收腿跳與直膝跳的組合，也可以模擬跳過高低欄架訓練動作。

4.20 連續跳遠

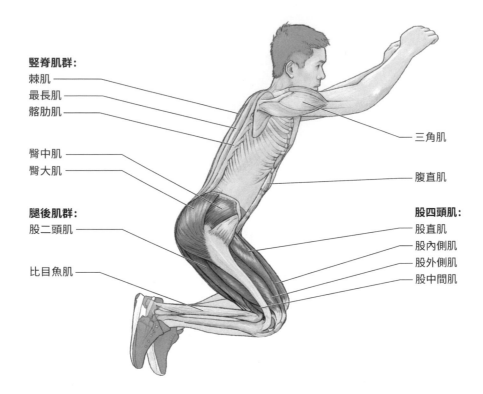

豎脊肌群:
棘肌
最長肌
髂肋肌

臀中肌
臀大肌

腿後肌群:
股二頭肌

比目魚肌

三角肌

腹直肌

股四頭肌:
股直肌
股內側肌
股外側肌
股中間肌

動作步驟

1. 保持雙腿與骨盆同寬,適度彎曲膝蓋。第一下的跳遠可以藉由反向下蹲來讓雙腳產生更大的力量,並完全伸展髖關節,雙手配合起跳擺臂,讓身體動線往前往上離地。

2. 雖然跳遠強調的是水平方向的位移量,但最適合的彈跳動線也需要包含一部分的垂直高度,大約以 30 度角的軌跡起跳。

3. 雙腿著地的位置大約在身體重心前方，保持向前的動力並再次轉換到水平與垂直方向的起跳。落地時把衝力平均在整個腳掌上，再由股四頭肌、臀部肌群和下背來吸收。

4. 連續的跳躍必須有適度的屈膝動作來吸收緩衝，並產生下一次跳躍的力量，但要避免膝蓋過度彎曲，使向前的動力與速度完全被抵銷。

參與肌群

主要肌群： 臀大肌、臀中肌、股四頭肌 (股直肌、股外側肌、股中間肌、股內側肌)、腿後肌群 (股二頭肌、半腱肌、半膜肌)

輔助肌群： 豎脊肌 (棘肌、最長肌、髂肋肌)、三角肌、腹直肌、髂腰肌、比目魚肌

動作要點

連續跳遠同時包含大量的向心跳躍與離心緩衝，是相對吃力的訓練動作。動作重點在於每跳最大的水平位移，並盡可能維持整組動作向前的動力。但不同於單一次的立定跳遠需要把腳盡可能往前延伸來增加距離，這個動作在連續的跳躍中反而會產生很大的阻力使動作很難連續不斷，重點在於能否縮短觸地時間，盡快接著下一次的彈跳，才能延續水平方向的動力。

足夠的水平速度才能增加每組跳躍的總距離，因為連續跳遠的動作對下肢負擔較大，一般建議每組不超過 6 下跳躍，換算距離大約在 15 公尺以內比較適當。

變化動作

連續跳遠搭配側向偏移

跳遠的動作除了強調向前的水平距離外，也可以搭配些許的側向位移。訓練時每下跳躍主要還是以水平前進方向為主，但在每下跳躍時加上一點水平側向的移動，可以沿著操場上的跑道線向前並同時左右來回跳過標線，類似閃電形狀的動線向前移動。

4.21 分腿前跳

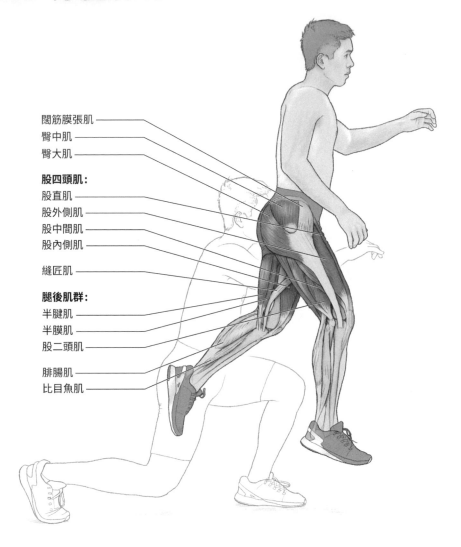

闊筋膜張肌
臀中肌
臀大肌

股四頭肌：
股直肌
股外側肌
股中間肌
股內側肌

縫匠肌

腿後肌群：
半腱肌
半膜肌
股二頭肌

腓腸肌
比目魚肌

動作步驟

1. 從弓箭步的預備動作開始作分腿跳，彈跳力道必須同時包含向前與向上的方向，在空中前後腳互換準備著地，前腳盡量以全腳掌落地，後腳則以前腳掌部分觸地。

2. 和原地的分腿跳一樣，可以配合雙手或對側單手的擺臂，來增加動作穩定性。

3. 落地時保持腳步輕快，並且前後腳分開的距離不要過大，以便再次起跳。

4. 盡量在每次跳躍中增加前進位移，並維持落地快速穩定。

參與肌群

主要肌群：臀大肌、臀中肌、股四頭肌 (股直肌、股外側肌、股中間肌、股內側肌)、腿後肌群 (股二頭肌、半腱肌、半膜肌)

輔助肌群：髂腰肌、縫匠肌、闊筋膜張肌、比目魚肌、腓腸肌

動作要點

透過在連續分腿跳的動作同時加入水平與垂直方向的位移，完成一段適當的距離。每跳向前的位移可以不用太大，只需要藉由較多反覆次數的跳躍，去完成一段短距離的前進便能有訓練效果。分腿前跳的動作可以當作蹦跳 (bounding) 等高速度與爆發力動作的前置訓練。

變化動作

分腿後跳

你也可以透過相同的跳躍模式換成向後的位移動作，去訓練肌群以不同的順序發力，能同時挑戰肌肉的協調與動作技巧。

4.22 立定跳遠搭配反向跳

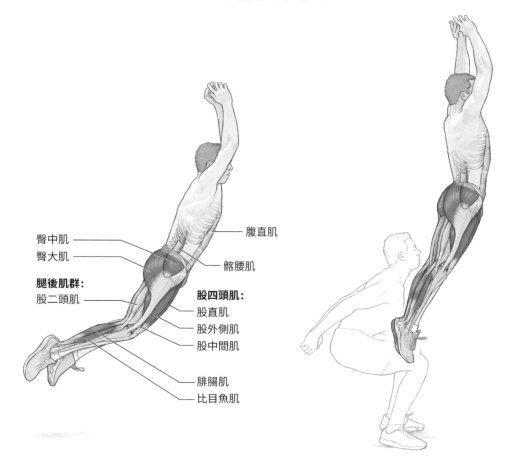

臀中肌
臀大肌
腹直肌
髂腰肌
腿後肌群：
股二頭肌
股四頭肌：
股直肌
股外側肌
股中間肌
腓腸肌
比目魚肌

動作步驟

1. 啟始動作以立定跳遠達到最大水平位移，配合爆發性的髖膝踝三關節伸展，以及快速的擺臂動作，落地時以全腳掌平均受力，並透過下肢肌群作緩衝。

2. 落地後立刻順勢反向深蹲後起跳，盡可能達到最大垂直高度，落地時以前腳掌過渡到腳跟的方式觸地，過程一樣必須快速流暢。

3. 再次向前向上發力作立定跳遠，兩種跳躍方式輪流交替保持節奏與連貫性。

參與肌群

主要肌群： 臀大肌、臀中肌、股四頭肌 (股直肌、股外側肌、股中間肌、股內側肌)、比目魚肌、腓腸肌

輔助肌群： 腹直肌、髂腰肌、腿後肌群 (股二頭肌、半腱肌、半膜肌)

動作要點

　　立定跳遠與反向深蹲跳的組合，同時挑戰運動員在完成最大距離的水平位移後，立刻接著作最大高度的垂直跳躍。在籃球、排球和田徑等項目中，常會有這種把水平方向動力轉化到垂直高度的動作模式，因此這種搭配訓練方法，可以運用在許多專項動作之中。

4.23 收腿前跳搭配踢臀前跳

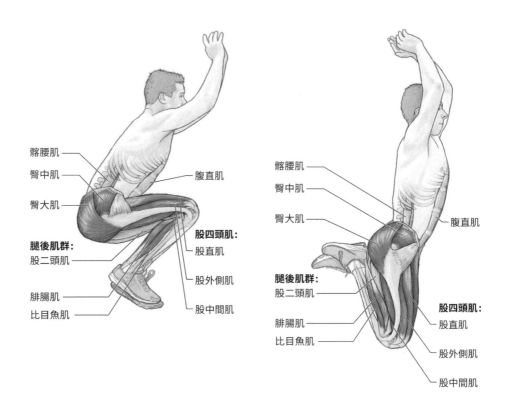

髂腰肌
臀中肌
臀大肌

腹直肌

腿後肌群：
股二頭肌

腓腸肌
比目魚肌

股四頭肌：
股直肌

股外側肌

股中間肌

髂腰肌
臀中肌
臀大肌

腹直肌

腿後肌群：
股二頭肌

腓腸肌
比目魚肌

股四頭肌：
股直肌

股外側肌

股中間肌

動作步驟

1. 動作以搭配向前位移的收腿跳開始，在空中把膝蓋提高到骨盆高度，然後向下準備落地。

2. 以前腳掌著地並縮短觸地時間，再次快速起跳並把腳跟踢往臀部，在最高點時把髖部向前頂出模擬跳遠項目的騰空動作，盡可能增加每跳向前位移的距離。

3. 完成踢臀跳落地後立刻準備再次作收腿前跳，兩種跳躍方式加入適當向前的位移訓練。這兩種連續的跳躍方式，通常建議每一種跳躍每組的訓練總距離大約在 10-20 公尺間。

參與肌群

主要肌群： 臀大肌、臀中肌、股四頭肌 (股直肌、股外側肌、股中間肌、股內側肌)、比目魚肌、腓腸肌

輔助肌群： 腹直肌、髂腰肌、腿後肌群 ((股二頭肌、半腱肌、半膜肌)

動作要點

　　收腿前跳與踢臀前跳的組合，可以同時訓練髖關節肌群在騰空期，作相反方向運動的協調以及額外水平位移的控制能力，需要一定程度的訓練才能熟悉這些技巧。這樣的組合方式，可以被運用在田徑、排球以及體操等需要動態複合式彈跳的運動項目。

複合式跳遠動作

4.24 立定跳遠搭配反向側跳

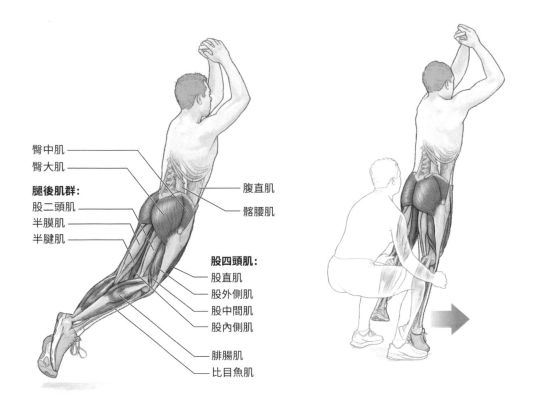

臀中肌
臀大肌

腿後肌群：
股二頭肌
半膜肌
半腱肌

腹直肌
髂腰肌

股四頭肌：
股直肌
股外側肌
股中間肌
股內側肌

腓腸肌
比目魚肌

動作步驟

1. 啟始動作先全力做出最大距離的立定跳遠，落地後再搭配側向偏移的反向深蹲跳向右邊。依照肌力能力的好壞，膝蓋屈曲的角度由深蹲到半蹲不等，通常蹲得越低相對在改變方向時會較為穩定。

2. 側跳落地後再接著作一次向前的立定跳遠，同樣盡全力達到最大距離，完成落地後再改成作反向深蹲左邊的側跳。左右邊的側跳搭配向前的立定跳，交錯完成總數約 10 下左右的彈跳，也可以視能力調整在 10 下以內。

3. 所有的跳躍都必須要在自己的能力範圍內完成，並保持跳躍的動線清楚明確，一旦彈跳動作有任何失控的地方，都有可能養成壞習慣或增加傷害風險。

參與肌群

主要肌群： 臀大肌、臀中肌、股四頭肌 (股直肌、股外側肌、股中間肌、股內側肌)、比目魚肌、腓腸肌

輔助肌群： 腹直肌、髂腰肌、腿後肌群 (股二頭肌、半腱肌、半膜肌)

動作要點

　對於需要有改變方向能力的運動項目來說，立定跳遠搭配反向深蹲側跳的動作是一個很好的準備訓練。能夠把直線前進的速度與爆發力，轉化為側向移動的方式是足球、英式橄欖球、美式足球與籃球項目中常見的動作模式。

　直線前進搭配多方向偏移的跳躍，就是訓練與建立改變方向能力的關鍵之一。而雙腿跳躍的動作更適合在初期介入，作為單腳跳或換腳蹦跳等動作的前置訓練。

4.25 高欄跳

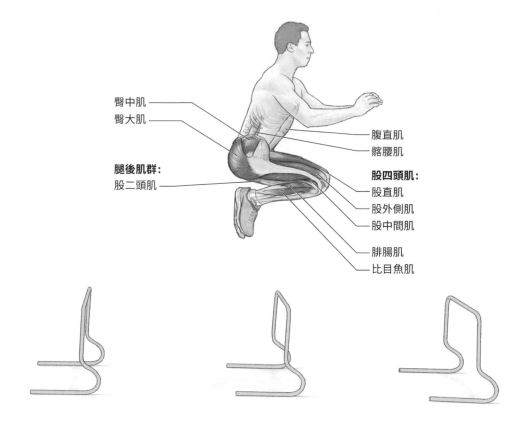

臀中肌
臀大肌

腹直肌
髂腰肌

腿後肌群：
股二頭肌

股四頭肌：
股直肌
股外側肌
股中間肌

腓腸肌
比目魚肌

動作步驟

1. 高欄跳的動作在起跳騰空與落地，都會比一般欄跳來得吃力。每下起跳必須要能全力把髖部拉到最高點越過高欄架，並配合雙手向上擺動。

2. 飛過欄架時和收腿跳一樣把膝蓋提高，確保腳底和欄架頂端有足夠的距離越過。

3. 準備落地時，腳踝背屈提高小腿勁度與彈性用前腳掌著地，快速彈性的觸地才能讓每一次的跳躍都保持最大高度。

參與肌群

主要肌群： 臀大肌、臀中肌、股四頭肌 (股直肌、股外側肌、股中間肌、股內側肌)、比目魚肌、腓腸肌

輔助肌群： 腹直肌、髂腰肌、豎脊肌 (棘肌、最長肌、髂肋肌)、腿後肌群 (股二頭肌、半腱肌、半膜肌)

動作要點

　　高欄跳因為需要連續盡全力的彈跳越過障礙，所以相對其他雙腳彈跳動作更有挑戰性。欄架的高度必須要足以激發運動員全力跳躍，同時又不至於超出能力範圍導致絆倒受傷。

　　透過結合連續的全力跳躍並保持快速彈性觸地的結合訓練，讓運動員必須保持專注在每下動作的肌肉徵召與運用，因此每組跳躍在 6-8 個欄架左右就足以達到訓練效果且避免產生疲勞。此外，較高的欄架也會對初學者產生心理層面的壓力，因此透過完成每組的跳躍，可以增加選手的信心與成就感。訓練過程中必須留意選手落地狀況，來調整適合的訓練量避免受傷風險。

變化動作

高欄跳搭配轉體動作或落地暫停

　　高欄跳可以搭配落地暫停 (pause landing) 的動作，來專注強化安全有效的落地方式。如果配合轉體跳躍動作，可以增加騰空期與落地的難度，比方說在每下跳躍時左右邊 90 度的轉身。

　　開始先面對欄架，借助反向下蹲的方式起跳增加下肢爆發力，透過手臂、肩膀和頭部的帶動去轉動身體跳過欄架，完成 90 度轉體落地面向側邊。第二次的跳躍就從側邊起跳，反方向轉體落地時回到面對前方。可以依照個人能力或專項需求，決定每下跳躍是否要落地暫停或者借助下肢彈性連續跳躍。

4.26 左右欄跳

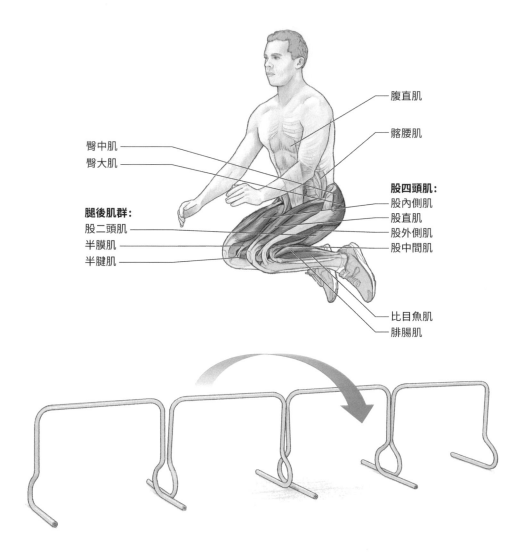

臀中肌

臀大肌

腹直肌

髂腰肌

股四頭肌:
股內側肌
股直肌
股外側肌
股中間肌

腿後肌群:
股二頭肌
半膜肌
半腱肌

比目魚肌

腓腸肌

動作步驟

1. 把數個欄架左右邊相連排成一線，用左右來回側跳，搭配一點向前的位移開始動作。

2. 來回側跳以 Z 字型的方式向前移動，視欄架高度必要時搭配屈髖提膝的動作來跳躍。

3. 每下跳躍都必須配合快速短時間的觸地，來誘發下肢肌群的彈性特質。手臂配合每下跳躍向前向上有律動的擺臂。

參與肌群

主要肌群： 臀大肌、臀中肌、股四頭肌 (股直肌、股外側肌、股中間肌、股內側肌)、比目魚肌、腓腸肌

輔助肌群： 腹直肌、髂腰肌、腿後肌群 (股二頭肌、半腱肌、半膜肌)

動作要點

你可以依照個人能力或專項需求來決定欄架的高度，低欄架可以讓運動員保持較高的身體姿勢以及較短的觸地時間，高欄架則在縮短觸地時間之餘，還要能維持跳躍高度與屈髖動作。另外在作左右側跳的訓練，最好能先定出每組的跳躍次數，讓運動員平均分配在一條動線中完成。

變化動作

雙手舉球左右側跳

用數個低欄架左右相連成一線作來回側跳向前，配合雙手抓住藥球高舉過頭，讓姿勢保持在較高的位置，同時去掉雙手擺臂的動作，提高下肢跳躍的難度。

4.27 高低欄架組合跳

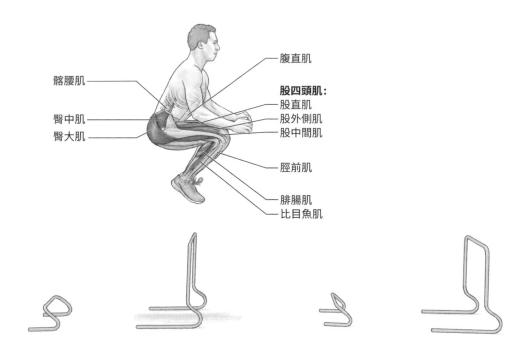

腹直肌

股四頭肌：
股直肌
股外側肌
股中間肌

脛前肌

腓腸肌
比目魚肌

髂腰肌

臀中肌
臀大肌

動作步驟

1. 雙腳與肩同寬站在欄架前方，配合適度擺臂雙腳起跳。

2. 跳過第一個欄架時，準備主動落地運用伸展收縮循環原理產生更大跳躍高度。

3. 藉由前腳掌著地作快速彈性觸地準備起跳，跳過更高的欄架。

4. 第二次的觸地可以降低下肢勁度，但同樣保持快速的方式起跳，跳過第三個較低的欄架。

5. 如此反覆跳過高低欄架，完成約每組 6-12 下的跳躍。

參與肌群

主要肌群： 臀大肌、臀中肌、股四頭肌 (股直肌、股外側肌、股中間肌、股內側肌)、比目魚肌、腓腸肌

輔助肌群： 腹直肌、髂腰肌、脛前肌

動作要點

透過高低欄架的穿插，可以設計有強度變化的訓練。常見的作法是在一連串低欄架中，週期性地穿插入高欄架的跳躍，讓你可以在幾個比較不費力的跳躍中，專心提高落地品質。而遇到高欄架，再做一個盡全力的彈跳動作。

或許並不是所有的運動項目，都會以一連串低強度再搭配一次高強度的節奏模式，但連續高強度的跳躍對下肢負擔較大難以持久，因此透過高低欄架適當的數量安排，可以讓運動員在作最大跳躍時，先有足夠的適應避免疲勞受傷。

4.28 變向組合欄跳

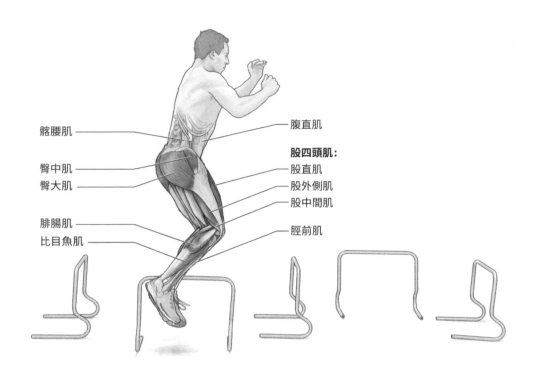

髂腰肌

臀中肌
臀大肌

腓腸肌
比目魚肌

腹直肌

股四頭肌:
股直肌
股外側肌
股中間肌

脛前肌

動作步驟

1. 雙腳與肩同寬,站在高度適中的欄架前方,配合擺臂動作,雙腳起跳跳過欄架。

2. 騰空時準備主動落地,作側向起跳跳過欄架。

3. 透過前腳掌快速觸地,準備爆發性側向起跳。

4. 落地後再次向前起跳越過第三個欄架,保持上半身與肩膀正向面對欄架。

5. 透過改變方向的欄跳動作安排每組 6-12 下的跳躍。

參與肌群

主要肌群：臀大肌、臀中肌、股四頭肌 (股直肌、股外側肌、股中間肌、股內側肌)、比目魚肌、腓腸肌

輔助肌群：腹直肌、髂腰肌、脛前肌

動作要點

　　變向欄跳的訓練包含許多運動項目的動作與發力模式，同時結合最大垂直跳躍與側向移動，是許多團隊運動與競技表現的關鍵能力。透過向前與側向的欄跳訓練爆發力與身體控制能力，並藉由不同方向的欄架來訓練身體協調能力。

4.29 落地跳強化離心肌力

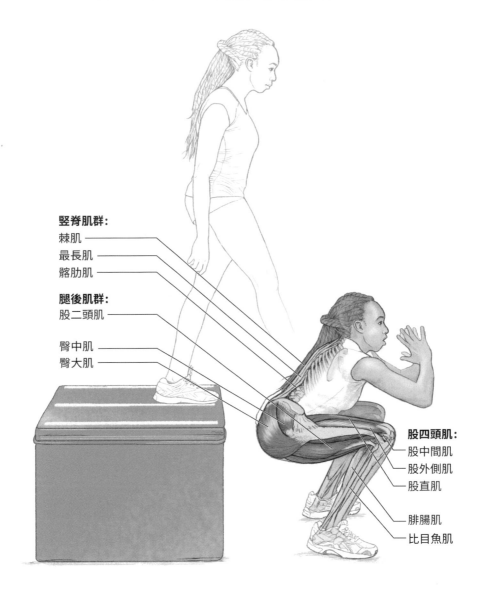

豎脊肌群：
棘肌
最長肌
髂肋肌

腿後肌群：
股二頭肌

臀中肌
臀大肌

股四頭肌：
股中間肌
股外側肌
股直肌

腓腸肌
比目魚肌

動作步驟

1. 選擇適當高度的跳箱站上頂部，踏步跨出跳箱邊緣讓雙腿平均向地面落下。

2. 下降時，下肢髖膝踝三關節保持微微彎曲不鎖死，準備落地。

3. 落地時前腳掌先著地，吸收最初的衝力作順暢的把重力轉移到腳跟。在腳跟站穩的同時，衝力就會由股四頭肌、腿後與臀部的肌群漸進往上被吸收。配合軀幹向前傾，讓豎脊肌幫助上半身重量減速。

4. 膝蓋屈曲的角度與整體動作的活動度變化，取決於跳箱的高度、自身肌力與訓練目標。

參與肌群

主要肌群： 臀大肌、臀中肌、股四頭肌 (股直肌、股外側肌、股中間肌、股內側肌)、腿後肌群 (股二頭肌、半腱肌、半膜肌)

輔助肌群： 豎脊肌 (棘肌、最長肌、髂肋肌)、比目魚肌、腓腸肌

動作要點

透過落地跳來強化離心肌力是非常有效的訓練方式，透過重力加速度的影響可以增加超出自身體重額外的負荷。訓練時先用較低的跳箱作落地跳來暖身，再適當增加跳箱高度來達到訓練目標，就如同舉重選手練習深蹲時，增加槓片來漸進負荷的訓練模式。

建議使用較高的跳箱作每組 3-5 下的落地跳，必須同時考慮到離心負荷的風險，與需要較長的組間休息時間。

變化動作

分腿落地跳

在雙腳落的落地跳動作中加入前後分腿落地的動作變化，這種落地方式對前後兩腳有不同訓練效果，前腳會承受相對較多的離心衝力，後腳則需要負責落地的穩定與平衡。如果運動項目中會有動態的動作，那分腿落地跳的變化方式就是很好的訓練動作。

4.30 深跳上箱訓練

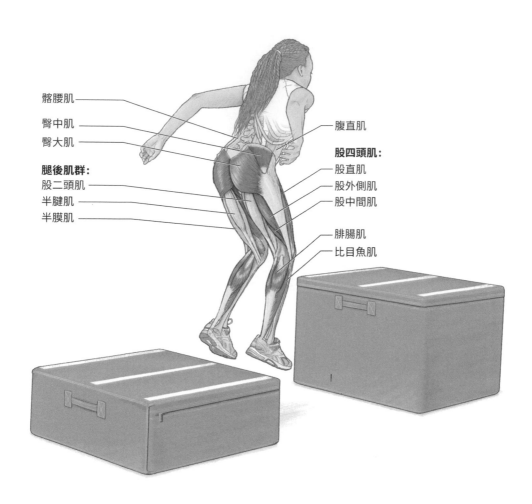

髂腰肌
臀中肌
臀大肌

腹直肌

股四頭肌：
股直肌
股外側肌
股中間肌

腓腸肌
比目魚肌

腿後肌群：
股二頭肌
半腱肌
半膜肌

動作步驟

1. 站在低到中等高度的跳箱上，跨步踏出跳箱讓雙腿同時落向地面。

2. 腳掌微微背屈讓小腿保持勁度彈性，以前腳掌著地並快速主動作腳踝蹠屈，把重心轉移到前方準備再次起跳。

3. 落地時雙手配合擺臂，再迅速往上起跳，跳上另一個較高的跳箱。

4. 藉由強力髖關節伸展動態起跳離地，完成最大的垂直跳高度並提起膝蓋，以雙腿全腳掌平均平穩地落上跳箱完成一次動作。

參與肌群

主要肌群： 臀大肌、臀中肌、股四頭肌 (股直肌、股外側肌、股中間肌、股內側肌)、比目魚肌、腓腸肌

輔助肌群： 腹直肌、髂腰肌、腿後肌群 (股二頭肌、半腱肌、半膜肌)

動作要點

深跳上箱的動作，訓練運動員徵召下肢肌群作最大收縮，反向產生更高跳躍的能力。深跳運用重力的負荷來刺激下肢肌群的彈性組織，主要透過股四頭肌與臀部肌群，產生強力的髖關節與膝關節伸展做出跳躍動作。這種落地反射接著跳躍的動作模式，可以增進下肢肌群爆發力與反應能力，特別是有助於提升跳躍表現。

就如同每個深跳系列的動作，必須先選擇適當的跳箱高度才能產生足夠的衝擊，刺激伸展收縮循環卻又不至於對下肢產生過大負擔。而要跳上跳箱的高度也必須要對選手有挑戰性，卻不會超出能力範圍導致受傷。

變化動作

深跳轉體上箱

跳下跳箱時加入轉體動作，可以增加不同平面的協調控制。在許多運動項中都有同時跳躍與轉身的動作，比方說籃球運動員的轉身跳投，與美式足球外接手在底線區轉身跳接起球的動作等等。訓練時可以在踩出跳箱後作 90 度轉體落地，反彈再跳上跳箱，再反向 90 度轉體回到原位的變化方式。

4.31 深跳跨欄訓練

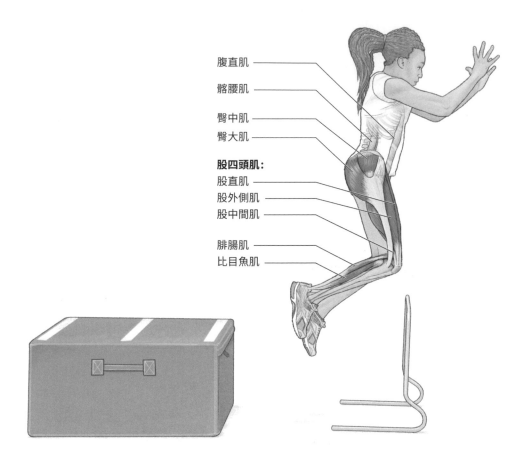

腹直肌

髂腰肌

臀中肌

臀大肌

股四頭肌：
股直肌

股外側肌

股中間肌

腓腸肌

比目魚肌

動作步驟

1. 站在低到中等高度的跳箱頂部，踏出跳箱讓準備讓雙腳同時著地，同樣保持腳踝背屈提高下肢勁度與彈性，以前腳掌觸地。

2. 落地前先把手臂向後預備，觸地瞬間配合反彈的時間往前往上擺臂跳過前方欄架。

3. 起跳時全力伸展髖關節，盡可能提高髖部位置達到最大垂直高度。

4. 騰空到最高點提起膝蓋，確保能安全越過欄架，落地透過股四頭肌與臀部肌群離心收縮減速。

參與肌群

主要肌群： 臀大肌、臀中肌、股四頭肌 (股直肌、股外側肌、股中間肌、股內側肌)、比目魚肌、腓腸肌

輔助肌群： 腹直肌、髂腰肌

動作要點

深跳搭配較高欄架作為障礙物，可以同時激發運動員最大垂直跳躍，以及訓練如何在越過欄架後穩定落地。在增強式訓練課表中搭配高低跳箱或欄架，是相當常見的訓練方式，深跳跨欄的訓練也可以增加訓練中的挑戰與趣味性。

變化動作

深跳側向跨欄

深跳系列的訓練也可以加上側向移動的變化，側向踩出跳箱同樣保持雙腳同時落地後，再側向跳過欄架。側向的反射跳躍特別適用於需要強化速度與爆發力的項目，特別是反射性的防禦或閃避動作。

4.32 原地反覆箱跳

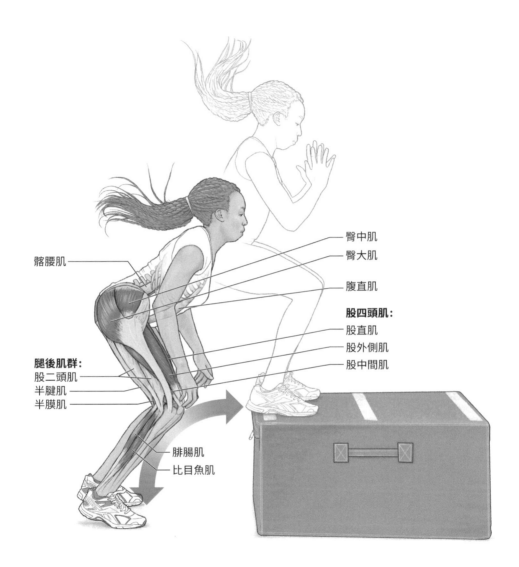

髂腰肌

臀中肌

臀大肌

腹直肌

股四頭肌:

股直肌

股外側肌

股中間肌

腿後肌群:
股二頭肌
半腱肌
半膜肌

腓腸肌
比目魚肌

動作步驟

1. 開始保持雙腿與骨盆同寬,站在中低高度的跳箱前方。起跳上跳箱後,以前
腳掌輕觸跳箱頂部表面後,借力反彈再往後落下。

2. 往後下降回到原位時，同樣以前腳掌著地，保持彈性再次起跳以相同方式跳上跳箱。

3. 前後來回保持一定節奏重複跳上跳下跳箱，接觸地面與跳箱頂部時，保持下肢勁度與彈性。

4. 反覆跳躍過程中，縮小雙手擺臂範圍，配合上下起跳時間點作動作。

參與肌群

主要肌群： 臀大肌、臀中肌、股四頭肌 (股直肌、股外側肌、股中間肌、股內側肌)、比目魚肌、腓腸肌

輔助肌群： 腹直肌、髂腰肌、腿後肌群 (股二頭肌、半腱肌、半膜肌)

動作要點

　　在原地反覆箱跳的訓練中，藉由中低高度的跳箱作前後上下來回的彈性跳躍。不同於一般往前跳躍的動作必須依賴前側的股四頭肌與髕腱來緩衝，往後跳回地面的動作反而對下肢後側肌群負荷較大。

　　重點在於保持固定節奏與彈性，快速接觸地面和跳箱頂部。如果你發覺落地時衝力過大無法立刻起跳，便要降低跳箱高度。依照不同的跳箱高度，建議每組跳躍次數在 6-12 下。

變化動作

反覆箱跳單腳落

　　在反覆箱跳過程中，如果全程都採用單腳跳，落地時下肢承受的負擔會遠高於落在跳箱上，因此可以用單腳落在跳箱上，跳回地面時仍保持雙腳落地。如此雙腳跳上跳箱後，可以左右腳交替落在跳箱上保持平衡。

MEMO

單側下肢增強式
訓練動作

上一章討論如何透過雙側下肢增強式動作，建立運動員雙腿與腳掌基礎的肌力、爆發力與彈性。本章加入單側跳躍動作提高單腳的負荷，並讓增強式計畫更具專項性。單邊的增強式動作也更加考驗運動員的協調、平衡與身體覺知能力，增加訓練複雜程度。然而因為單邊運動相對符合某些專項本身的動作特性，對某些運動員來說可能反而相對容易。

教練可以在訓練初期，透過單側下肢增強式動作來強化技術專項性。剛開始可以在以雙側訓練動作為主的狀態下加入次最大的單側動作，讓運動員均衡適應各種增強式動作。

只要有適當的訓練量與漸進方式，不論是單側或雙側的訓練動作，都可以有效強化肌力、爆發力與速度。過度依賴雙側訓練動作，會使運動員在專項動作轉換時產生障礙；但同樣地只依賴單側訓練動作，則容易造成過度訓練的慢性勞損，特別在髖關節以及薦髂關節的部位。

單側訓練特別有利於發展衝刺與跳躍動作中所需的單腳爆發力與彈性能力，除此之外，在訓練課表中整合各種不同的單側訓練動作，加強單腳落地技巧與能力，並同時訓練切入與改變方向的技術，單側訓練動作比雙側更強調髖膝踝三關節的控制能力。一旦透過雙側訓練動作與其他肌力訓練方式，建立基本肌力與爆發力之後，便可加入單邊訓練應對專項需求，並增進單腳力量的傳導與運用。

5.1 向心箱跳

跳上跳箱的動作，可以在把落地衝擊降到最低的狀況下訓練爆發力。跳箱的高度要能誘發運動員全力跳躍，但又不至於增加受傷風險。而單純的單腳箱跳難度又比雙腳箱跳更高，單腳必須要有足夠的爆發力才能安全地完成箱跳動作。透過單側向心的箱跳強化單邊發力，來提升籃球或衝刺起跑等動作的表現。

5.2 蹦跳

基本的單腳蹦跳 (bounding) 是訓練單邊速度與爆發力的入門動作，蹦跳動作所帶來的訓練適應，能增加步幅以及單腳跳躍的伸髖爆發力。你可以在訓練計畫中加入蹦跳的變化系列動作，來因應專項特性強化整體運動表現。依照訓練環境不同，每組蹦跳的完成距離大約 20-40 公尺，訓練過程要有足夠的組間休息時間來確保整體訓練品質。

5.3 單腳彈跳

單腳彈跳 (hops) 是強化左右腳個別肌力與爆發力的有效方式之一，單腳彈跳的動作包含跳躍腳下蹲的力量以及擺動腳提膝的助力，彈跳的距離與速度取決於每個動作的時間點與協調，要確保每次的訓練量在適當的範圍內避免運動傷害，每組的跳躍距離在 30 公尺以內來確保動作品質。

5.4 彈跳與蹦跳組合訓練

將彈跳與蹦跳動作結合到同一組的訓練之中,可以加強整體動作協調與運動性,並且平均分配左右腳的觸地次數。雖然單腳彈跳可以有效提升下肢肌力與爆發力,但在連續多組的訓練下容易累積過多壓力。而透過蹦跳與彈跳的穿插組合,便可以分散部分壓力並維持動作本身的效益。

但對於初學者來說,蹦跳與彈跳的組合相對困難,一開始先採用較單純的組合模式以及較低的強度。例如先藉由踝關節發力的蹦跳與彈跳組合來熟悉技巧與節奏,隨著動作進步,再增加每次彈跳的距離以及執行的速度。可以在訓練時搭配角錐,來作為每跳距離以及換腳的提示。

5.5 弓箭步接單腳箱跳

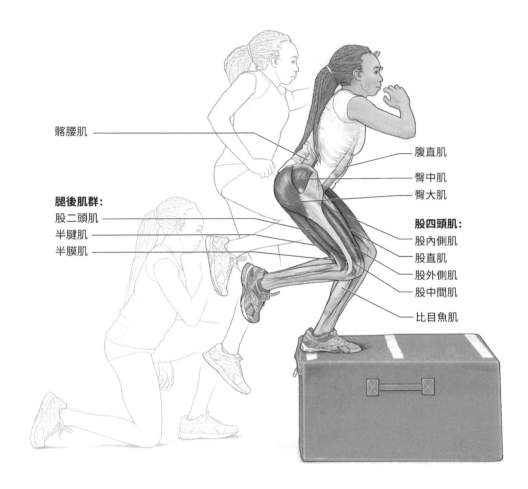

髂腰肌

腹直肌

臀中肌

臀大肌

腿後肌群：
股二頭肌
半腱肌
半膜肌

股四頭肌：
股內側肌

股直肌

股外側肌

股中間肌

比目魚肌

動作步驟

1. 站在高度適中的跳箱前方呈弓箭步，前腳膝蓋屈曲 90 度，後腳膝蓋彎曲碰地維持穩定。雙手前後錯開和雙腿位置相反，配合起跳動作擺臂帶動向上的動力。

2. 透過擺臂帶動動作開始，前腳用力向下推蹬，後腳配合向上做提膝動作。

3. 透過後腳擺動腿的提膝動作，讓前腳可以跳上跳箱輕盈地吸收衝擊力道。

參與肌群

主要肌群： 臀大肌、臀中肌、股四頭肌 (股直肌、股外側肌、股中間肌、股內側肌)、腿後肌群 (股二頭肌、半腱肌、半膜肌)

輔助肌群： 腹直肌、髂腰肌、比目魚肌

動作要點

　　弓箭步接單腳箱跳是強化單側爆發力的進階動作。較低的起始位置會迫使前腳的腿後與臀大肌參與更多。後腳強力的提膝動作會提高更多往上的助力，讓前腳跳上跳箱。

　　建議在訓練初期使用低中高度的跳箱，來確保運動員安全落在跳箱頂部，隨著能力進步再使用更高的跳箱增加挑戰性，提高對於起跳腳同時也是落地腳的協調與爆發能力訓練。

　　上肢對應的擺臂動作，除了可以提供往上的助力之外，更可以透過前後擺臂來平衡單腳起跳對軀幹的扭力。

變化動作

站姿單腳箱跳

　　以站姿的方式開始單腳箱跳，可以提升起跳速度。比起弓箭步站姿起跳的髖關節活動範圍較少，但髖部的起始位置較高，可以使用高度較高的跳箱做訓練，也可以在起跳之前搭配反向下蹲或向前上步的動作，增加更多肌肉伸展收縮反射的參與。

5.6 蹠屈蹦跳

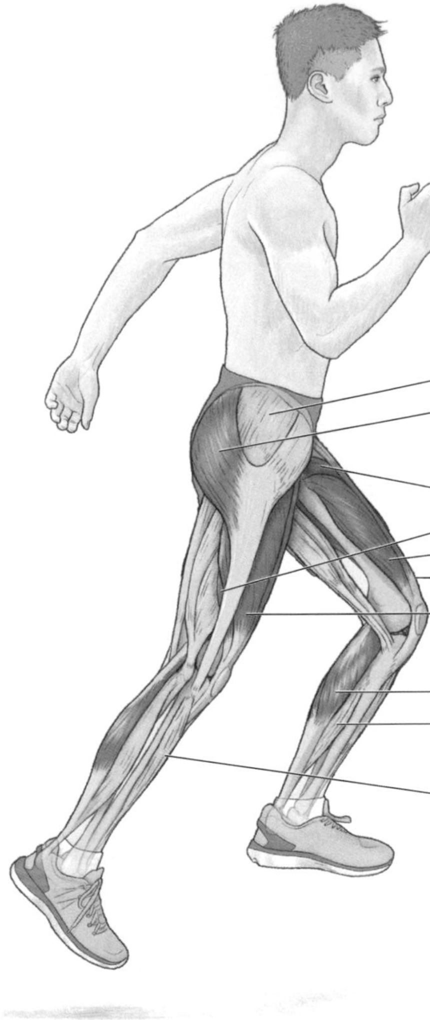
臀中肌
臀大肌
股四頭肌：
股中間肌
股內側肌
股直肌
股外側肌
腓腸肌
比目魚肌
脛前肌

動作步驟

1. 雙腳保持骨盆寬度站立，其中一腳做提膝並搭配對側手臂向前擺動。要注意這個訓練動作的目的，在於維持連續的流暢與彈性，並非跳得越遠越好，因此要有適當的提膝高度與節奏。

2. 落地時腳踝背屈，預先提高小腿肌群彈性張力。

3. 以最小屈膝的方式完成落地緩衝，盡可能讓每下蹦跳以中足觸地，並維持較高的姿態。

4. 落地時，另外一隻懸空腳繼續向前提膝帶動第二下蹦跳，保持固定的節奏連續蹦跳約 10-20 公尺。

蹦
跳

參與肌群

主要肌群： 臀大肌、股四頭肌 (股直肌、股外側肌、股中間肌、股內側肌)、腓腸肌

輔助肌群： 臀中肌、比目魚肌、脛前肌

動作要點

蹠屈蹦跳是短距離蹦跳訓練中，強化小腿與腳掌肌群彈性特質的代表動作。運動過程中，主要以腳踝蹠屈以及髖關節伸展的力量為主，並搭配小範圍的伸膝作推蹬前進。

每下觸地前必須主動背屈腳踝，來提高小腿勁度後落地，快速且俐落地以中足完成每下觸地，並維持每下蹦跳的距離與高度。上肢維持小範圍擺臂動作，來配合雙腳交錯的節奏。

變化動作

左右蹠屈蹦跳

你可以在蹠屈蹦跳中加入左右方向的移動，來模擬側向敏捷動作中的腳踝控制。而側向偏移的動作除了強化腳踝整體的強度，更可以訓練膝關節與髖關節在觸地時的控制能力。

5.7 直腿蹦跳

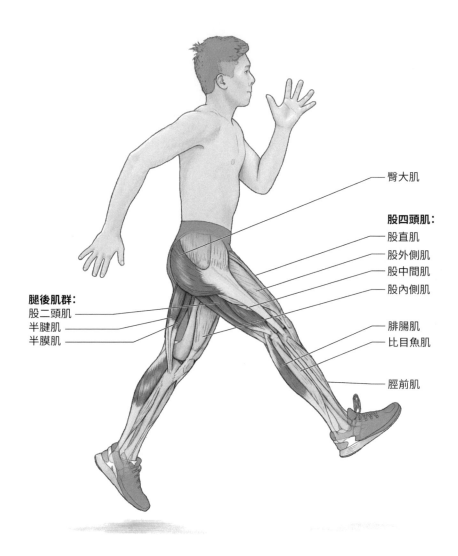

臀大肌

股四頭肌:
股直肌
股外側肌
股中間肌
股內側肌

腓腸肌
比目魚肌

脛前肌

腿後肌群:
股二頭肌
半腱肌
半膜肌

動作步驟

1. 雙腿保持骨盆寬度站立，前導腳的膝蓋伸直向前擺動開始動作，對側手配合
   向前擺動平衡動作。

2. 快速抽回前導腳，腳踝背屈準備作動態彈性觸地。

3. 盡量以中足觸地並保持身體挺直，以最小的膝屈曲角度完成落地。

4. 觸地時，後方懸空腳繼續向前擺動，開始第二下直膝蹦跳，保持動作節奏循環連續跳躍 10-20 公尺。

參與肌群

主要肌群： 臀大肌、腓腸肌、腿後肌群 (股二頭肌、半腱肌、半膜肌)

輔助肌群： 股四頭肌 (股直肌、股外側肌、股中間肌、股內側肌)、比目魚肌、脛前肌

動作要點

以最小範圍的屈膝以及腿部下壓的方式作蹦跳訓練。除了原本的小腿與腳掌，更強調腿後肌群的力量。直腿蹦跳可以強化腿後肌群的伸髖爆發力，來增進跳躍與衝刺表現。擺臂過程中也可用伸直的方式，來配合下肢的動作節奏。

5.8 全速蹦跳

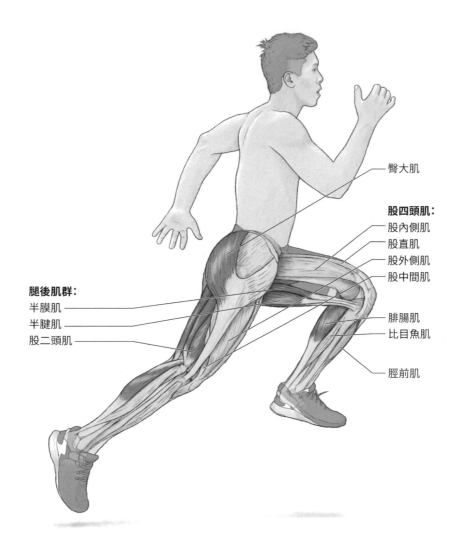

臀大肌

股四頭肌：
股內側肌
股直肌
股外側肌
股中間肌

腓腸肌
比目魚肌

脛前肌

腿後肌群：
半膜肌
半腱肌
股二頭肌

動作步驟

1. 雙腿保持骨盆寬度站立，前導腳向前作提膝開始動作，提膝的動力以水平向
   前的方向為主，對側手配合做擺臂動作。

126

2. 起跳後快速抽回前導腳,並且保持腳踝背屈準備動態觸地,落地點保持在身體重心前方數英吋的地方維持向前動力。

3. 盡量以中足觸地並保持最小範圍的屈膝角度,上半身維持挺直的姿勢。

4. 觸地後,後方懸空腳快速提膝再次向前作第二次蹦跳,保持動作循環連續完成 20-30 公尺的距離。

參與肌群

主要肌群: 臀大肌、腓腸肌、腿後肌群 (股二頭肌、半腱肌、半膜肌)

輔助肌群: 股四頭肌 (股直肌、股外側肌、股中間肌、股內側肌)、比目魚肌、脛前肌

動作要點

　　全速的蹦跳相對其他形式更接近衝刺的步態,蹦跳的動線相對沒有上下起伏,以水平的加速度與速度為主。全速蹦跳的步態類似動作放大的衝刺步態,增加向前提膝與往後伸髖的動作範圍。同樣地,上肢擺臂也必須配合下肢的節奏與活動範圍。

5.9 上坡蹦跳

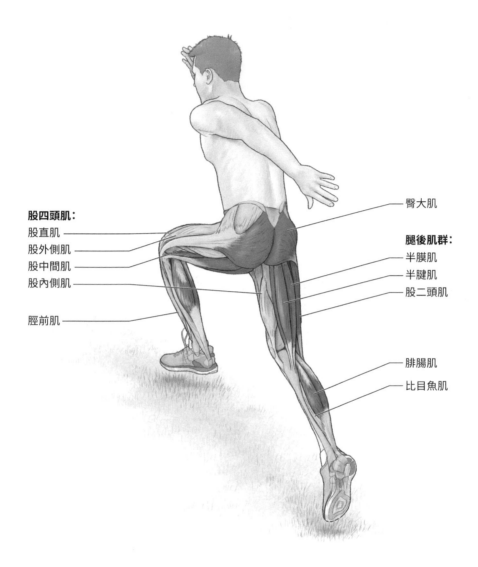

股四頭肌:
股直肌
股外側肌
股中間肌
股內側肌

脛前肌

臀大肌

腿後肌群:
半膜肌
半腱肌
股二頭肌

腓腸肌
比目魚肌

動作步驟

1. 保持雙腿與骨盆同寬,在小丘或斜坡路面的底部,前導腳向前提膝開始第一下蹦跳往斜坡上方加速,對側手配合腿部動作向前擺臂維持平衡。

2. 起跳後快速收回前導腳,保持腳踝背屈,準備在身體重心前方作動態觸地。

3. 盡量以中足觸地，並且透過強力伸髖動作把身體向前推進。

4. 觸地後，後方懸空腳快速向前提膝帶動第二下蹦跳，保持動作連續循環完成
上坡距離在 20-30 公尺左右。

參與肌群

主要肌群： 臀大肌、腿後肌群 (股二頭肌 、半腱肌、半膜肌)、腓腸肌

輔助肌群： 股四頭肌 (股直肌、股外側肌、股中間肌、股內側肌)、比目魚肌、脛
前肌

動作要點

　上坡蹦跳相當適合用來作蹦跳教學，以及讓運動員學習蹦跳、彈跳與衝刺中的
伸髖動作。上坡蹦跳比一般平地的蹦跳對身體的負擔也較低，因為上坡的高度會
減少落地衝擊，可以作為初期學習蹦跳的方式。注意避免選擇太過光滑或不平整
的坡面，減少上坡蹦跳時滑倒的可能性。

變化動作

左右上坡蹦跳

　你可以在向前的上坡蹦跳中，加入部分側向偏移的跳動來作變化。透過結合上
坡蹦跳的爆發力與側向偏移的控制能力，可以模擬冰上曲棍球與競速溜冰和許多
田徑項目所需的敏捷能力。

5.10 左右蹦跳

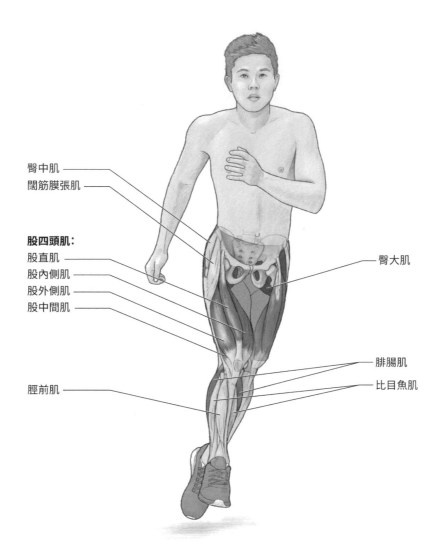

臀中肌
闊筋膜張肌

股四頭肌：
股直肌
股內側肌
股外側肌
股中間肌

脛前肌

臀大肌

腓腸肌

比目魚肌

動作步驟

1. 保持雙腳與骨盆同寬開始動作，前導腳向前並往對側跨過身體中線，作提膝帶動下腳蹦跳。同樣地，對側手向前並向對側跨過身體中線作擺臂，來平衡下肢動作。

2. 蹦跳的騰空時間應該相對較短，把重點放在維持每下觸地的動作品質，並配合適當蹦跳距離。

3. 當前導腳下降時，腳踝主動背屈準備作快速穩定的中足觸地。

4. 觸地後，快速帶動懸空腳作向前，並往對側方向做提膝動作開始第二下蹦跳。保持左右腳互換的節奏，連續完成 10-20 公尺的蹦跳。

參與肌群

主要肌群： 臀大肌、腓腸肌、股四頭肌 (股直肌、股外側肌、股中間肌、股內側肌)

輔助肌群： 臀中肌、闊筋膜張肌、比目魚肌、脛前肌

動作要點

　　左右蹦跳除了可以強化下肢側邊部分肌群，跨過身體中線的提膝動作，更可以訓練到腿部內側肌群的發力能力。左右蹦跳在動作形式與發力方式，可以模擬許多運動項目，如足球、籃球、美式足球、曲棍球以及英式橄欖球中切入與改變方向的動作。

　　但左右來回跨過身體中線的提膝與落地，對單腳的負擔較大，建議在訓練初期先以較低強度與較短的距離，來增進相關肌群的力量與協調，同時也要注意選擇平整穩固的訓練場地來執行蹦跳動作。

5.11 卡里奧克蹦跳

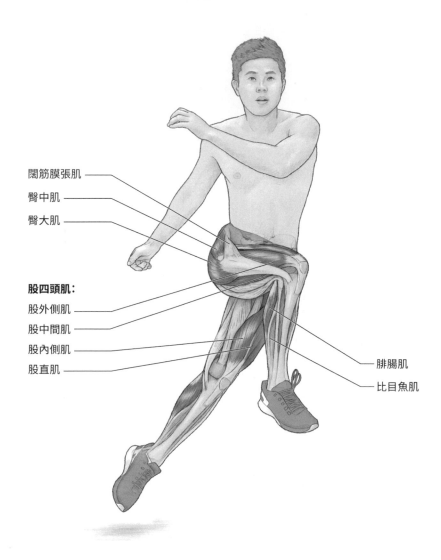

闊筋膜張肌

臀中肌

臀大肌

股四頭肌：

股外側肌

股中間肌

股內側肌

股直肌

腓腸肌

比目魚肌

動作步驟

1. 側身面對前進方向，離終點較遠的後腳用力向前與向身體對側，作最大距離的提膝動作帶動第一下蹦跳。

2. 後腳落地後繼續作側向推蹬，讓身體繼續加速到下一次蹦跳的距離。上肢同樣作相反方向的擺臂，來平衡腿部動作的動力。

3. 後腳在身體後方繼續往側向上步，這一個上步是為了連結下一次的蹦跳動作，因此相對步幅較短，但仍需要維持身體向側向前進的動力。

4. 保持後腳連續由身體前方與後方提膝，與上步跨過身體中線的方式，完成卡里奧克蹦跳，每組距離建議在 10-30 公尺之間。

參與肌群

主要肌群：臀大肌、臀中肌、股四頭肌 (股直肌、股外側肌、股中間肌、股內側肌)、腓腸肌

輔助肌群：比目魚肌、闊筋膜張肌、內收肌群 (內收長肌、內收短肌、內收大肌)

動作要點

　　本訓練項目就是在一般馬克操常見的卡里奧克步伐 (來自巴西傳統舞蹈，Carioca) 中，加大步幅來訓練側向推進的能力。動作主要以第一步後腳往對側提膝，前腳作向下推蹬產生水平動力。下一步，後腳由身體後方跨向對側維持水平衝力。

　　反覆上述兩個動作，讓後腳在身體前後作交錯，髖關節與肩關節會因為下肢的動作，不斷水平扭轉來平衡，因此卡里奧克蹦跳相對其他訓練動作，需要較大的活動範圍來完成側向水平移動。

5.12 欄架蹦跳

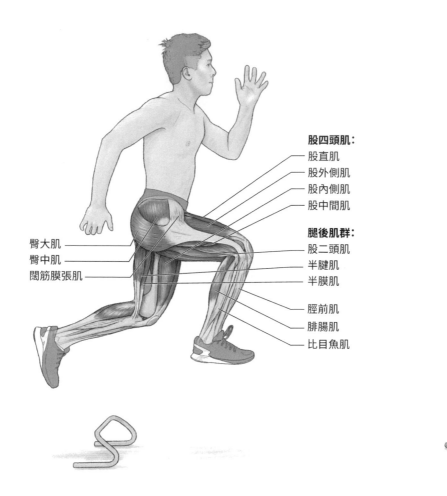

股四頭肌:
股直肌
股外側肌
股內側肌
股中間肌

腿後肌群:
股二頭肌
半腱肌
半膜肌

脛前肌
腓腸肌
比目魚肌

臀大肌
臀中肌
闊筋膜張肌

動作步驟

1. 量測適當距離排列好欄架,輕鬆助跑加速,以蹦跳的方式跳過第一個欄架。

2. 越過欄架騰空時,前腳微微背屈準備落地。

3. 以中足觸地後,後腳快速向前提膝作第二下蹦跳。上肢擺臂動作和下肢相反,維持身體姿勢平衡。

4. 保持連續換腿的節奏，蹦跳越過每個欄架，專心做好每一下有力的提膝與短暫的觸地時間。

5. 每組越過約 6-12 個等距的欄架。

參與肌群

主要肌群： 臀大肌、臀中肌、股四頭肌 (股直肌、股外側肌、股中間肌、股內側肌)、腿後肌群 (股二頭肌、半腱肌、半膜肌)、腓腸肌

輔助肌群： 闊筋膜張肌、比目魚肌、脛前肌

動作要點

欄架可以提供每下蹦跳一個很明確的垂直目標，欄架高度可不用完全和蹦跳高度相同，通常只要使用 6-10 英吋的欄架，就可以讓每下蹦跳有適當的騰空動線。

欄架的擺放必須符合個人的蹦跳能力，避免打亂每下的步幅與節奏。多數的情況下，每組安排 12 個欄架左右，就可以維持相對穩定的動作品質。

變化動作

側向欄架蹦跳

可以把較低的欄架左右排列連成一線，讓運動員在向前蹦跳的同時，搭配左右來回越過欄架。左右的範圍不需要過大，透過側向欄架的擺放，可以在維持蹦跳高度的同時加入部分側向移動能力。

5.13 蹠屈單腳彈跳

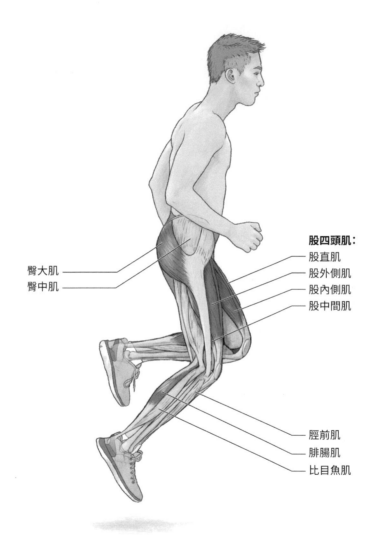

臀大肌
臀中肌

股四頭肌：
股直肌
股外側肌
股內側肌
股中間肌

脛前肌
腓腸肌
比目魚肌

動作步驟

1. 保持骨盆寬度站立，透過其中一腳向前提膝帶動下腳作彈跳，保持適當提膝高度，不需要刻意作長距離的彈跳，重點在於維持每下彈跳的快速與彈性。

2. 彈跳腳同時準備作腳踝背屈，預先維持小腿張力作觸地。

3. 保持每下單腳彈跳落地時盡量以最小的膝屈角度，並以中足接觸地面。上半身維持挺直的姿勢。

4. 透過相同方式，以同一隻彈跳腳完成 10-20 公尺的連續彈跳，上肢擺臂方向和腿部動作相反作平衡，完成後換另一腳作單腳彈跳。

參與肌群

主要肌群： 臀大肌、股四頭肌 (股直肌、股外側肌、股中間肌、股內側肌)、腓腸肌

輔助肌群： 臀中肌、比目魚肌、脛前肌

動作要點

　　短距離並減少落地膝屈角度的彈跳，可以強化下肢對彈跳動作的學習。必須要讓下肢以主動觸底的方式，運用下肢每個關節的勁度，才能有效釋放結締組織的彈性位能。

　　因此蹠屈彈跳整體的重點在於以短距離的形式，配合上肢以和下肢以相反方的方向與節奏作擺臂完成動作。

5.14 全力單腳彈跳

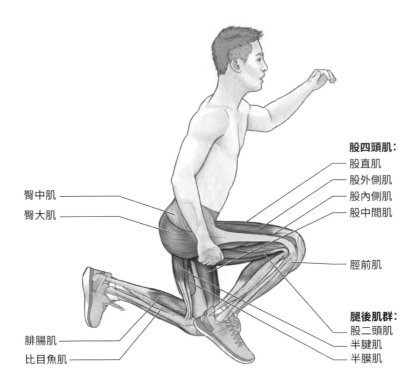

臀中肌
臀大肌

股四頭肌:
股直肌
股外側肌
股內側肌
股中間肌

脛前肌

腿後肌群:
股二頭肌
半腱肌
半膜肌

腓腸肌
比目魚肌

動作步驟

1. 雙腿與骨盆同寬站立,其中一腳全力向前向上提膝帶動下腳彈跳,提膝高度
   要接近髖部位置,讓每下彈跳都有最大高度與距離。

2. 推蹬離地後，彈跳腳的膝蓋換向前方準備作下一次彈跳。

3. 彈跳腳主動作背屈提高小腿勁度，並向下擺動作落地。

4. 落地時盡量以中足接觸地面，並維持穩定與腳踝勁度。

5. 連續以同一隻腳作全力彈跳，完成約 10-20 公尺距離。上肢擺臂方向和腿部動作相反作平衡，完成後換另一腳作全力單腳彈跳。

參與肌群

主要肌群： 臀大肌、股四頭肌 (股直肌、股外側肌、股中間肌、股內側肌)、腿後肌群 (股二頭肌、半腱肌、半膜肌)、腓腸肌

輔助肌群： 臀中肌、比目魚肌、脛前肌

動作要點

　　透過遠距離的單腳彈跳，動用下肢所有肌群參與來訓練肌力與爆發力。強化垂直方向的推蹬發力，可以增加單腳彈跳的高度與距離。全力彈跳可以大量徵召股四頭肌、腿後肌與臀部肌群的參與，尤其在以快速遠距離的方式下執行彈跳訓練時更有效果。

變化動作

快速單腳彈跳

　　透過快速彈跳把重點從跳躍距離換成彈跳速度，來強化單腳彈跳的速度與爆發力。相對一般水平前進軌跡的全力彈跳而言，快速彈跳的高度會較低，重點在於加快每下彈跳的頻率與加速度能力。

5.15 反向單腳彈跳

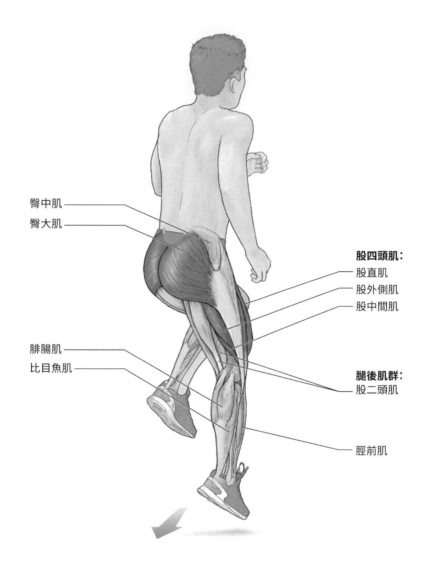

臀中肌
臀大肌

腓腸肌
比目魚肌

股四頭肌:
股直肌
股外側肌
股中間肌

腿後肌群:
股二頭肌

脛前肌

動作步驟

1. 保持雙腳與骨盆同寬,背對前進方向。

2. 彈跳腳往下往後推蹬作第一下單腳彈跳,擺動腳配合起跳腳的動作,作相反方向的擺動來平衡。

3. 完成第一下推蹬後，彈跳腳繼續往後延伸準備作第二次彈跳，盡量以前腳掌的位置著地。

4. 落地動作保持輕巧快速，避免流失太多動力。

5. 以上述的步驟作連續的反向彈跳約 10-20 公尺。手臂配合下肢動作，作相反方向的擺臂來維持平衡，完成一組後換腳作反向彈跳。

參與肌群

主要肌群： 股四頭肌 (股直肌、股外側肌、股中間肌、股內側肌)、腓腸肌、臀大肌

輔助肌群： 臀中肌、比目魚肌、脛前肌、腿後肌群 (股二頭肌、半腱肌、半膜肌)

動作要點

單腳反向彈跳可以同時強化股四頭肌力與多方向運動能力。許多運動項目多少會有後撤步的動作，尤其在處於防禦姿態的時候，反向彈跳則可以強化所有後退動作所需要的肌群。依照個人能力與經驗，每組反向彈跳的距離落在 10-20 公尺左右。

5.16 側向外展彈跳

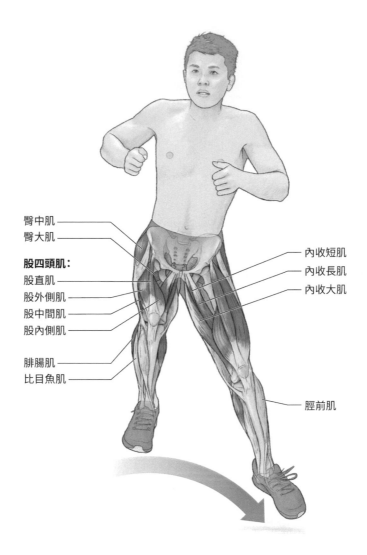

臀中肌
臀大肌

股四頭肌：
股直肌
股外側肌
股中間肌
股內側肌

腓腸肌
比目魚肌

內收短肌
內收長肌
內收大肌

脛前肌

動作步驟

1. 保持雙腿與骨盆同寬，側身面對前進方向。

2. 遠端距離終點較遠的那隻腳向外推蹬（髖外展），開始第一下彈跳。另一側擺動腳往終點方向作髖外展，來平衡彈跳腳的動力。

3. 彈跳腳推蹬騰空後立刻劃過身體中線，準備以中足接觸地面落地。

4. 觸地動作必須盡量輕巧快速避免動能流失，把過程中的任何阻力降到最低。

5. 以同樣方式完成 5-10 公尺連續的側向彈跳後再換腳執行。

參與肌群

主要肌群： 股四頭肌 (股直肌、股外側肌、股中間肌、股內側肌)、腓腸肌、臀中肌、內收肌 (內收長肌、內收短肌、內收大肌)

輔助肌群： 臀大肌、比目魚肌、脛前肌

動作要點

　　單腳側向彈跳，可以訓練下肢在許多運動項目都需要的切入或改變方向能力。這個訓練動作也能同時強化髖膝踝三關節周邊肌群，達到預防傷害的效果，更可以模擬許多運動中的專項動作。通常每組每腳只需要連續完成 5-10 公尺的側向單腳彈跳，就可以達到訓練效果。

變化動作

側向內收彈跳

　　在作側向彈跳的訓練必須同時包含外展與內收方向，來配合髖膝踝三關節內外側肌群的平衡。而側向內收彈跳就是從靠近終點的那一隻腳開始作彈跳，以內收方向用力往身體中線另一側作推蹬開始彈跳，並快速回到起始位置，準備落地作第二下彈跳。

5.17 二彈跳加一蹦跳

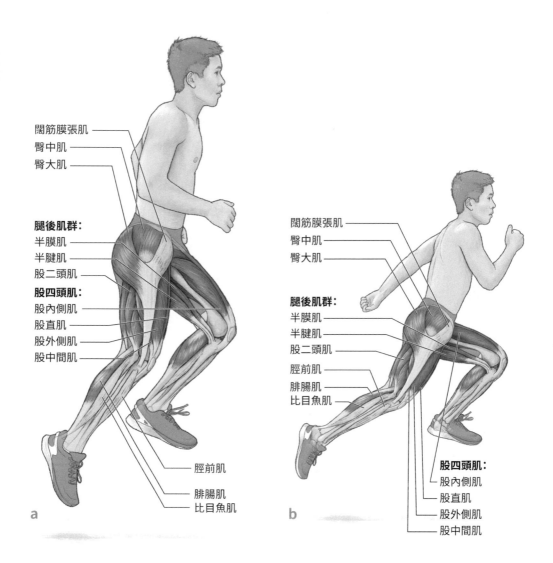

闊筋膜張肌
臀中肌
臀大肌

腿後肌群：
半膜肌
半腱肌
股二頭肌

股四頭肌：
股內側肌
股直肌
股外側肌
股中間肌

脛前肌

腓腸肌
比目魚肌

a

闊筋膜張肌
臀中肌
臀大肌

腿後肌群：
半膜肌
半腱肌
股二頭肌

脛前肌
腓腸肌
比目魚肌

b

股四頭肌：
股內側肌
股直肌
股外側肌
股中間肌

動作步驟

1. 雙腳保持骨盆寬度，對側腳提膝作第一下單腳彈跳。提膝高度要能維持向前
的動力來連結接下來的蹦跳動作。

2. 連續完成兩下單腳彈跳後提膝腳著地，幫助轉換在用同一隻腳繼續作一下蹦跳。不管是蹦跳或彈跳，在落地時都要保持腳踝背屈。完成一下蹦跳後再繼續接著兩下彈跳。

3. 蹦跳與單腳彈跳的作用腳，都盡量保持最小膝屈角度。保持中足觸地與較高的身體姿勢。

4. 保持以同一腳作兩下彈跳與一下蹦跳的循環完成 15-30 公尺距離。過程中上肢擺臂動作和下肢相對，完成之後換另一腳作訓練。

參與肌群

主要肌群：臀大肌、臀中肌、腓腸肌、股四頭肌 (股直肌、股外側肌、股中間肌、股內側肌)、腿後肌群 (股二頭肌、半腱肌、半膜肌)

輔助肌群：闊筋膜張肌、比目魚肌、脛前肌

動作要點

　　兩下彈跳搭配一下蹦跳是相當常見的動作組合。作蹦跳的時候就是左右腳互換的時機，當你連續做了兩下右腳彈跳，順勢接著左腳上步作蹦跳，再接著連續作兩下彈跳讓動作可以不斷循環。每組訓練要能讓左右兩腳控制在相同的觸地次數。當然在執行蹦跳與彈跳的組合訓練時，可以依照自己的需求調整數量比例，透過彈跳與蹦跳不同比例的組合可以達到不同效果。要避免左右腳在訓練量上有不平衡的情形。

變化動作

三彈跳加三蹦跳

　　增加更多的彈跳與蹦跳可以提高組合跳的複雜程度。奇數次的蹦跳可以讓彈跳有換腳的機會，而增加更多蹦跳次數也會提高整體的水平速度。由蹦跳轉換到彈跳時，會考驗運動員的彈跳腳能否產生更大推進力來維持速度。學習如何在控制蹦跳與彈跳間的水平速度，有助於提升選手作加速與減速的能力。

5.18 多方位彈跳

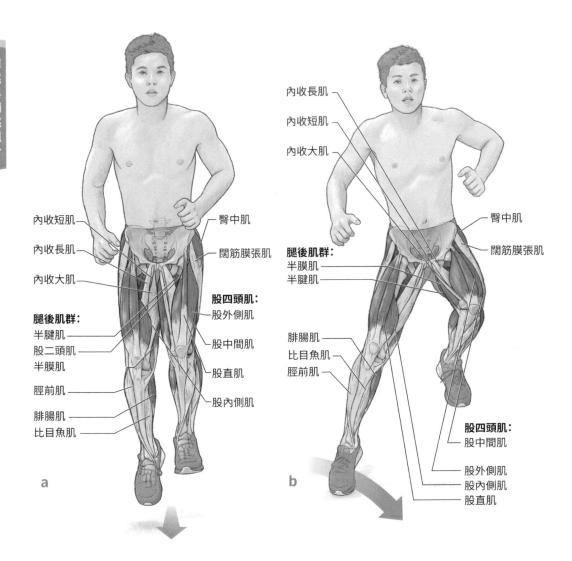

內收短肌
內收長肌
內收大肌

腿後肌群：
半腱肌
股二頭肌
半膜肌
脛前肌
腓腸肌
比目魚肌

臀中肌
闊筋膜張肌

股四頭肌：
股外側肌
股中間肌
股直肌
股內側肌

a

內收長肌
內收短肌
內收大肌

腿後肌群：
半膜肌
半腱肌

腓腸肌
比目魚肌
脛前肌

臀中肌
闊筋膜張肌

股四頭肌：
股中間肌
股外側肌
股內側肌
股直肌

b

動作步驟

1. 雙腳保持骨盆寬度站立，對側腳提膝作第一下彈跳，提膝的高度不需要過高，主要目的是讓身體作中短距離往前的彈跳後，再連結側向彈跳。

2. 落地時腳踝背屈，保持快速有力的觸地動作。

3. 完成連續兩下向前彈跳後，接著作側向外展 (向外推蹬) 的彈跳。

4. 繼續往前作兩下彈跳後，接著往側向內收彈跳。

5. 保持每下彈跳以最小膝屈角度完成，並以中足觸地保持身體較高的姿勢。

6. 以兩下向前彈跳搭配一下側向彈跳的方式，完成 10-15 公尺的距離。換組換腳，上肢擺動動作和下肢相反作配合維持平衡。

參與肌群

主要肌群：臀大肌、臀中肌、腓腸肌、股四頭肌 (股直肌、股外側肌、股中間肌、股內側肌)、腿後肌群 (股二頭肌、半腱肌、半膜肌)

輔助肌群：比目魚肌、闊筋膜張肌、脛前肌、內收肌群 (內收短肌、內收長肌、內收大肌)

動作要點

　　多方位的彈跳訓練，適合針對需要多方向移動的運動項目作加強。可以用原定來回跳躍、向前跳躍或在訓練場地板作標示等方式來完成，重點在於快速精準的結合向前與側向的彈跳動作。在地上畫線或貼膠帶讓選手來回反覆彈跳，訓練單腳的速度與敏捷。注意不同動作 (向前與側向) 和左右腳必須平均訓練避免過度使用。

變化動作

前後彈跳蹦跳組合

　　需要減速與改變方向的運動項目，可以透過前後方向的跳躍動作來訓練。常見的做法是連續 2-3 下向前彈跳後搭配往後彈跳，接著可以透過蹦跳來換腳作一樣的彈跳組合，可以重複這個循環 5-6 次。向前彈跳的距離要拿捏適當才能馬上接著往後彈跳。若是向前的動力過大，沒有足夠肌力很難直接反轉動作方向往後。之後的訓練可以再加入側向的彈跳與蹦跳，來完整訓練到每個動作方向。

MEMO

上肢增強式訓練動作

所有需要上肢動作的運動項目，都可以透過上肢的增強式訓練來強化肌力、速度與爆發力。包含推動與拉動的上肢動態動作，都可以運用上肢肌群與結締組織的彈性特質與伸展收縮循環。

上肢的彈性與爆發性訓練不只增加無氧爆發能力的表現，同時對於長時間有氧動作的效率也會有幫助。透過完整有效的上肢增強式訓練計畫，不只能強化爆發力同時也會提升整體表現。

上肢增強式訓練計畫必須符合漸進原則，來確保上肢健康與表現。因為肩關節解剖構造相對複雜，在執行動態訓練動作必須審慎考量負荷。動作執行必須符合正確的生物力學機轉，動作選擇要能配合運動專項性並確保安全與健康。如同所有速度與爆發力訓練計畫，在執行高負荷訓練前，必須先讓上肢同時具備技術需求與適當的生理素質。

圖 6.1 為上肢在運動中所有關聯肌群。爆發性的上肢水平推動作，主要來自胸大肌、前三角肌與肱三頭肌的收縮。爆發性的垂直拉動作，則是以肱二頭肌、斜方肌與背闊肌為主，其他許多上肢肌群則扮演穩定與精準控制運動動作的工作。接下來介紹的每個上肢增強式動作，都會搭配詳盡的圖解作說明。

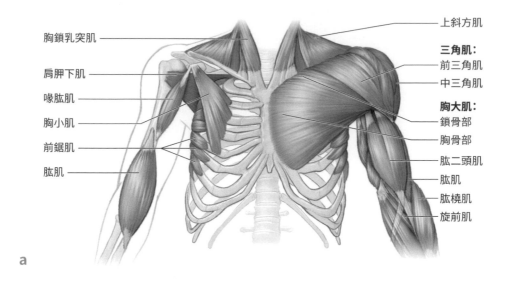

圖 6.1(a)　上半身正面

　　本章中大多數的上肢增強式動作，都需要下肢與核心的發力。第 7 章會詳細介紹核心相關的增強式訓練。然而許多借助地面反作用力的動作，最後都會傳遞到上肢釋放力量，在訓練期間必須盡可能確保所有關節與肌肉，在正確的時間點有效的傳遞力量。

　　一個完善的上肢增強式訓練計畫，會涵蓋許多運動與專項動作模式。上肢增強式代表動作特質主要以投擲、扣殺或打擊球類或物件，推水前進以及抓握與擒抱。

　　需要有投擲球類或物件的運動項目，要能同時具備有力且有效的把力量從下肢透過核心傳遞到上肢。不管運動項目是投擲較輕物品（棒球、手球、橄欖球）或者較重（鉛球、標槍、鐵餅），都可以透過藥球或其他負重器材來做增強式訓練。

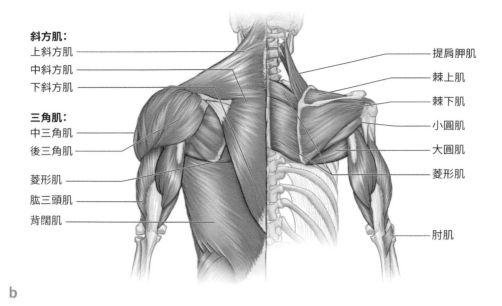

斜方肌：
上斜方肌
中斜方肌
下斜方肌

三角肌：
中三角肌
後三角肌

菱形肌
肱三頭肌
背闊肌

提肩胛肌
棘上肌
棘下肌
小圓肌
大圓肌
菱形肌

肘肌

b

圖 6.1(b)　上半身背面

　　使用藥球可以同時模擬運動專項的動作模式，並且在作為一個相對安全的額外負重來增加肌力與爆發力的適應效果。

　　除了投擲的方式以外，有的運動項目是用手掌打擊（排球）或者以其他物件作打擊（板球、高爾夫球、棒球打擊）。打擊跟投擲運動一樣是由下肢發力到上肢傳遞力量，這時候核心與軀幹的協調，就會影響下肢的力量是否能順利傳達到上肢完成動作。透過藥球或其他負重器材，可以訓練全身肌群正確的發力時序來強化運動表現。

　　在有接觸或技擊類的運動項目中，如何透過上肢傳遞快速有力的打擊便是一大關鍵。這時候透過強力的動態推撐爆發性動作，便可以有效訓練打擊能力。搭配下肢的力量傳遞效果會更好，藥球推擲與離地伏地挺身就是增加上肢爆發力常見的動作。

游泳選手需要上肢動作做為主要推進力之一，透過滑水反作用力來推進，需要足夠的肌力與爆發力，更要有足夠的耐力來完成日常的訓練量。因此上肢肌群良好的肌耐力是游泳的基本要件，而上肢的爆發力則會影響水中動作是否能夠正確有效幫助推進。

技擊項目如摔角、柔道或綜合格鬥在比賽與日常訓練中，會需要大量上肢抓握的動作。英式橄欖球與美式足球同樣也需要在高速的狀況下執行上肢的擒抱動作。透過適當的增強式訓練可以強化爆發性的拉扯，如擒抱與抓握能力。

6.1 動態伏地挺身訓練動作

伏地挺身是以自身體重作為負荷來訓練肌力與爆發力的經典動作，主要的作用肌群以胸部（胸大肌）、肩部（前三角肌）以及上臂（肱三頭肌）為主。以動態的方式執行伏地挺身加入加速與減速的需求，可以提高對這些肌群的負荷，並且模擬運動專項所需的爆發力動作。

動態的伏地挺身可以訓練到推撐的向心收縮能力、離心的負重減速能力以及增強式動作的反射特性，但因為動態伏地挺身會對肩關節的負擔相對較大，必須注意要以漸進的方式訓練以免增加傷害風險。

6.2 藥球傳球與推擲

透過藥球的傳球與推擲等動作，可以訓練上肢的肌力、爆發力與彈性組織的運用。和同伴互相來回作藥球傳球，是相對有效率且有趣味性的訓練方式。在沒有訓練同伴的情況下，面對堅固的牆面作投擲也能達到訓練效果。

是否需要同伴配合或面對牆壁練習，則取決於器材場地便利性以及訓練的目的。如果希望藥球反彈的頻率較快且路線較固定的情況，使用牆面便相對合適。反之如果目的是為了模擬運動場上的情境，配合同伴作傳球可以讓藥球的路徑較難預測。

配合訓練的目的與動作選擇適當的藥球又是另一門學問。球的材質必須容易抓握防滑並且具備一定程度的緩衝與耐撞特性。太過堅硬的藥球不但難抓，更會因為多次的傳接球造成手掌受傷。反之太軟的藥球彈性相對不足，可能不適合作牆面投擲反彈的訓練。

過小的藥球很難接準，但過大的藥球相對較難投出，最後藥球的重量必須適合運動員能力以及所從事的運動項目。如果有任何疑慮，一開始便先使用相對較輕的藥球來提高安全性與動作品質。

6.3 配合其他器材的上肢增強式訓練

你可以搭配其他訓練器材來產生有效的訓練適應，強化上肢動態動作。許多訓練器材不只可以幫助選手增加訓練適應，更可以模擬賽場需求，避免選手對訓練感到乏味。

壺鈴可以有效透過盪壺動作來強化上肢背側肌群。拳擊用的懸吊沙袋則可以在提供推撐動作較大的負荷同時提高安全性。

譯註：關於壺鈴與沙袋訓練，可參考旗標科技公司出版的《偷窺運動員的高強度訓練筆記 - 壺鈴、槓鈴、戰繩、沙袋、輪胎、地雷管全面啟動》一書。

6.4 離牆伏地挺身

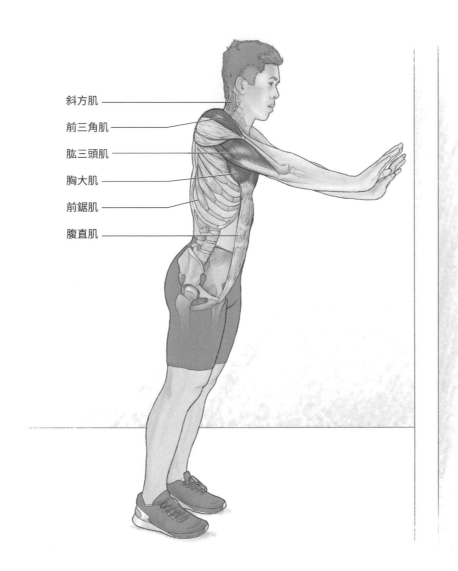

斜方肌
前三角肌
肱三頭肌
胸大肌
前鋸肌
腹直肌

動作步驟

1. 雙腳保持骨盆寬度，面對牆面距離 24-40 英吋 (60-100 公分)，雙手平舉到胸口高度準備接觸牆面。

2. 身體挺直面向牆面向前傾倒，手掌接觸牆面，手肘保持在身體兩側，以最小的活動範圍作減速緩衝。

3. 雙手推撐反向推起身體，手肘爆發性伸直讓身體回到站姿。反覆上述動作。

參與肌群

主要肌群：胸大肌、肱三頭肌、前三角肌

輔助肌群：前鋸肌、斜方肌、腹直肌

動作要點

　　離牆伏地挺身相當適合初學或中等程度的運動員，以安全方式訓練動態肌力。比起一般離地的伏地挺身，靠牆的訓練能夠以較低的負荷，有效訓練胸肩與上臂肌群的肌力、爆發力與彈性能力。透過身體向前的傾角來調整動作的負荷大小，身體向前傾的程度越大負荷就越高，一開始建議先以較小的前傾角度來訓練，隨著肌力與爆發力進步再增加難度。

變化動作

推箱伏地挺身

　　如果要提高難度，可以藉由長椅或跳箱做支撐來作伏地挺身。不同的是起始位置不需要從站姿開始，雙手可以直接撐在箱上以伏地挺身的動作預備，手肘屈曲讓身體往跳箱頂部靠近後，用力反向推起身體。每完成一下可以稍做暫停或者以循環的方式進行訓練。

6.5 爆發伏地挺身

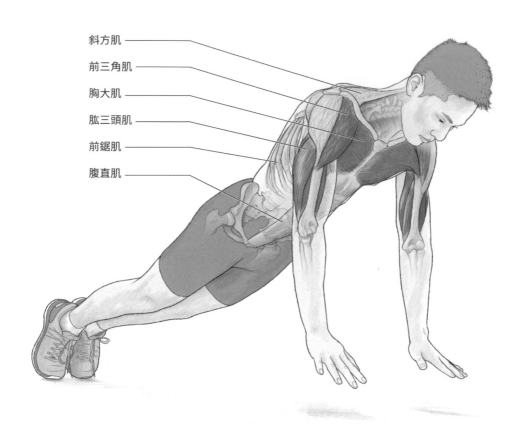

斜方肌
前三角肌
胸大肌
肱三頭肌
前鋸肌
腹直肌

動作步驟

1. 俯臥面對地面，停在伏地挺身的最低點作準備。手掌位置比肩膀略寬且雙腳保持併攏。

2. 爆發性地推向地面，藉由反作用力推起身體。推撐的動作要盡全力達到最大活動範圍。

3. 一旦身體達到最高點開始下落時，雙手準備觸地以安全可控制的方式緩衝減速。

參與肌群

主要肌群： 胸大肌、肱三頭肌、前三角肌

輔助肌群： 前鋸肌、斜方肌、腹直肌

動作要點

　　爆發伏地挺身主要透過上肢全力的推撐動作，把身體往上推離地面，重點在於讓手肘能夠完全伸直，並產生足夠的力量讓手掌暫時離開地面。過程同時包含爆發性的向心收縮，與減速緩衝時強烈的離心收縮。每組不要超過 6 下確保足夠的動作爆發力。必須強調動作技巧並維持動作品質，降低受傷風險。

變化動作

爆發伏地挺身上跳箱

　　藉由爆發伏地挺身的力量把手掌帶到跳箱上的動作，類似上肢版本的箱跳，爆發性上推把身體推上平台或較低跳箱頂部。跳箱可以提供每下反覆一個明確的目標，並且減少落地衝擊。

　　跳箱的結構必須夠低並且相對穩固來讓雙手支撐，最理想的跳箱位置是在雙手兩側，讓身體可以順暢的帶到高點。爆發性用力推撐後，讓手掌落上跳箱，再慢慢的一手一手回到地面的起始位置準備第二次動作。

6.5 下墜伏地挺身

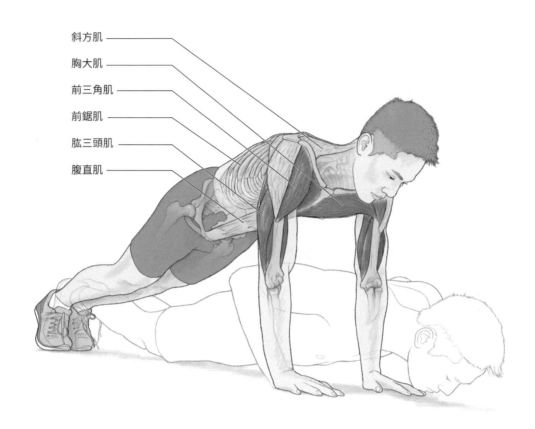

斜方肌
胸大肌
前三角肌
前鋸肌
肱三頭肌
腹直肌

動作步驟

1. 預備時以伏地挺身姿勢，手臂伸直比肩膀略寬並保持雙腳併攏，以接近棒式
   的方式穩定準備。

2. 手臂快速向外分開讓手肘有空間彎曲，讓身體自然往地面下墜。

3. 在離地數寸的位置快速用手掌撐著軀幹，穩定後再慢慢推起伏地挺身回到起
   始位置後反覆動作。

參與肌群

主要肌群： 胸大肌、肱三頭肌、前三角肌

輔助肌群： 前鋸肌、斜方肌、腹直肌

動作要點

　　下墜伏地挺身的動作模式和下肢的落地跳相似，目的是藉由強力的離心收縮，快速徵召上臂、肩部與胸部的肌群作緩衝。注意每組反覆次數在 3-6 下之間。特別對於初學者而言訓練量不要過大，手掌撐開的範圍可以依照運動專項的需求作調整。

　　比方說美式足球的線衛，想要有足夠的防禦肌力來阻擋對手進攻，相對手臂必須保持在身體前方，在訓練時可以減少手掌向後的位移。教練可以依照各個項目的需求去調整適合選手的訓練動作。

變化動作

跳箱下墜伏地挺身

　　提高下墜伏地挺身的起始位置，可以增加離心緩衝的力量。在手掌兩側擺放較低的跳箱做為起始支撐點，手掌快速向內收，讓身體自然下落。相對一般的下墜伏地挺身會有更大的落地衝擊，注意要讓身體能適當減速避免撞擊地面。

6.7 連續反射伏地挺身

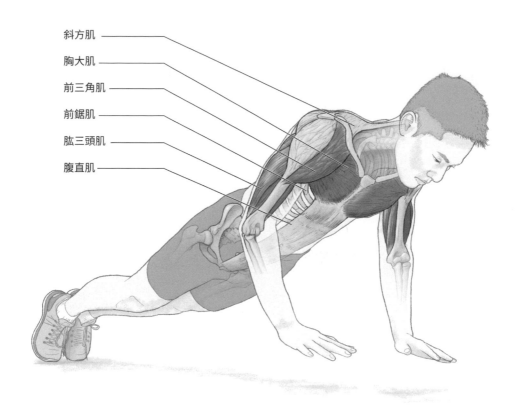

斜方肌
胸大肌
前三角肌
前鋸肌
肱三頭肌
腹直肌

動作步驟

1. 預備動作，雙手在身體兩側與肩同寬的位置。

2. 快速有力的把身體推向空中並確保手肘完全伸直，依照個人能力不同，手掌可能會推離地面但不一定要完全滯空。

3. 身體下降落向地面時，雙手準備觸地作緩衝減速。一旦手臂、肩部與胸部肌群感受到張力時，立刻反向往上把身體推回最高點。

4. 保持每下動態反覆動作以相同的速度接觸與離開地面，並回到同樣的高度。

參與肌群

主要肌群： 胸大肌、肱三頭肌、前三角肌

輔助肌群： 前鋸肌、斜方肌、腹直肌

動作要點

　　連續反射伏地挺身可以想像成是連續反向跳的上肢版本，目的在於藉由上臂、肩部與胸部肌群的彈性特質，連續爆發地把身體推到相同的高度。落地的幅度可以很接近地面或者停在較高的位置就往回推，取決於運動專項所需的關節活動度。

　　因為離地的伏地挺身對上肢負擔較大，每組需控制在 6 下以內。教練可以透過觀察運動員姿勢與離地距離，來判斷選手的疲勞程度去調整訓練量。

變化動作

窄距反射伏地挺身

　　縮短反射伏地挺身雙手手掌距離，會提高肱三頭肌的負荷。雙手縮到完全與肩同寬，避免過窄造成肘關節壓力與降低身體穩定。作窄距伏地挺身時先從較少的反覆次數開始適應，等肌力上升再提高訓練量。

6.8 伏地挺身拍手

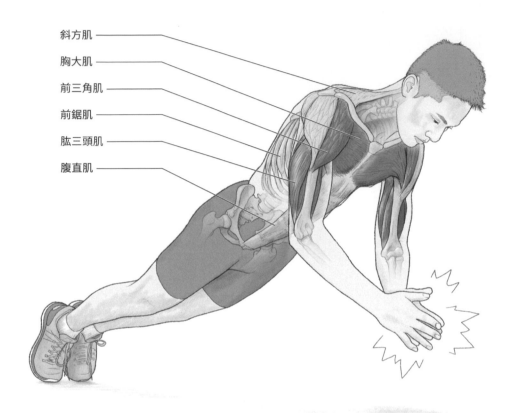

斜方肌
胸大肌
前三角肌
前鋸肌
肱三頭肌
腹直肌

動作步驟

1. 以伏地挺身撐在地面，雙手比肩略寬，雙腳併攏作準備。

2. 控制速度彎曲手肘放低軀幹後，立刻反向爆發推撐，過程中雙腳保持觸地。

3. 身體騰空時，雙手快速拍手後立刻觸地作緩衝。每下完成可以暫停或者以連續循環的方式完成每組動作。

參與肌群

主要肌群：胸大肌、肱三頭肌、前三角肌

輔助肌群：前鋸肌、斜方肌、腹直肌

動作要點

　　伏地挺身拍手是挑戰上臂、肩部以及胸部肌群的進階訓練動作，推撐的力量必須足以讓身體離地抬高，才有空間在胸前拍手。動態動作本身的強度，可以有效訓練上肢與胸部肌群肌力與彈性特質。每組做 4-6 下以維持動作品質與每下的最大肌力。

變化動作

膝蓋著地伏地挺身拍手

　　如果伏地挺身拍手的難度太高，可以把下肢支點改成膝蓋以降低難度。這種方式會減少上肢與胸部肌群的負擔，在做一般伏地挺身拍手之前，可以先以膝蓋著地的方式作訓練。

6.9 單臂藥球傳球

前三角肌
肱三頭肌
胸小肌
胸大肌

動作步驟

1. 身體站直雙腿與骨盆同寬,把藥球收向其中一側肩膀,面對同伴或牆面保持
　　適當距離讓藥球可以達到目標。

2. 手肘向前完全伸直，用力單手推出藥球。

3. 如果你是對牆傳球，距離必須夠近讓球可以反彈回到相同位置。對同伴傳球則要對準對方肩膀位置傳球。

4. 單手反覆傳球完成一組後再做換手。

參與肌群

主要肌群： 胸大肌、胸小肌、前三角肌

輔助肌群： 肱三頭肌

動作要點

單臂藥球傳球是基本強化上肢單側肌力與爆發力的訓練動作，尤其對於拳擊與籃球運動需要快速作直拳或傳球動作，不能有太多蓄力或預先反向的準備，特別適合這項訓練。盡量以快速有力的方式讓動作達到最大速度，選擇適當重量的藥球才能維持速度，初學建議從較輕的藥球開始。每組單手作 10-12 下傳球並保持力量與爆發力。

變化動作

轉體單臂藥球傳球

要增加單手傳球的力量，可以配合肩部轉動的力量來傳球，同時也可以搭配下肢對地面的反作用力，讓力量經核心傳遞到肩膀。

配合球由同伴或牆面返回到手上的動力旋轉肩膀與軀幹，讓肩部與胸部肌肉與肌腱受力後再次傳出。這種訓練方式特別適合有預先拉弓姿勢再做打擊的球類運動，如網球和其他拍類運動。

6.10 單足立藥球傳球

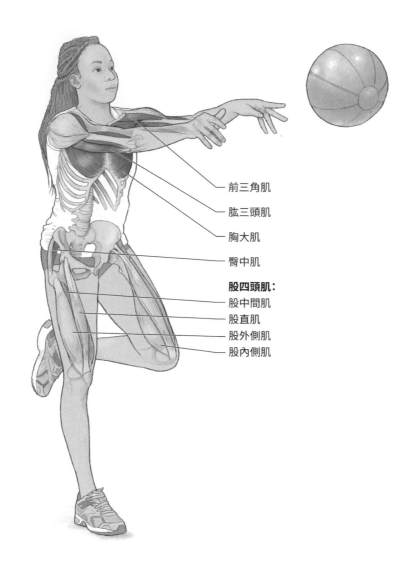

前三角肌

肱三頭肌

胸大肌

臀中肌

股四頭肌:

股中間肌

股直肌

股外側肌

股內側肌

動作步驟

1. 單腳站立面對同伴或牆面,雙手把藥球抓在胸前,手肘在肋骨兩側。

2. 用力把藥球向前推出，同時以單腳保持平衡。搭配同伴作訓練，盡量維持中高的傳球速度與固定的節奏讓球回到胸口高度。如果是對牆傳球則要確保距離夠近，可以讓球剛好反彈回到胸口高度。

3. 接到藥球後，雙手緩衝做減速，支撐腳繼續維持平衡。完成預定的反覆次數後再換腳訓練。

參與肌群

主要肌群： 胸大肌、前三角肌、肱三頭肌

輔助肌群： 臀中肌、股四頭肌 (股直肌、股外側肌、股中間肌、股內側肌)

動作要點

　　單足立藥球傳球在訓練上肢爆發力，同時也考驗下肢的穩定與本體感覺。傳球的力道越大，下肢越需要更加穩定。面對同伴作傳球，把目標設定在對方身體中線的兩側來考驗支撐腳的平衡能力。這種方式比起雙腳站立傳球的力量相對較小，因此每組建議 6-12 下反覆來訓練支撐腳的肌耐力。

變化動作

爆發性單足立傳球

　　你也可以藉由下肢的力量，增加雙手藥球傳球的爆發力。開始先以單腳半蹲的姿勢做準備，藥球一樣抓在胸口高度，髖膝踝三關節用力伸展推蹬。下背打直把力量傳到上肢全力推出藥球。動作完成後可以雙腳著地來維持平衡。

6.11 反向跳藥球上推

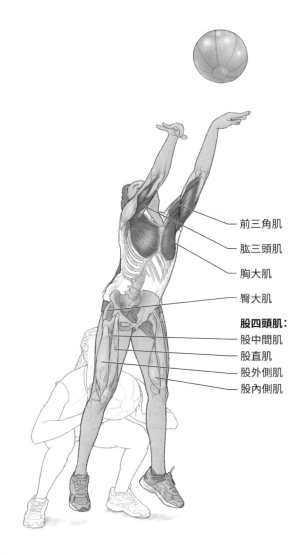

前三角肌

肱三頭肌

胸大肌

臀大肌

股四頭肌:
股中間肌
股直肌
股外側肌
股內側肌

動作步驟

1. 身體站高作預備，雙腿與肩同寬，把藥球抓在身體前方靠在胸口上。

2. 作反向下蹲動作到半深蹲的位置，膝蓋屈曲 90 度借助下半身的力量，上半身盡量挺直。

3. 膝關節與髖關節快速伸直，以反向跳的方式把身體往上帶。如果力量夠大，雙腳通常會離開地面。

4. 在身體最高點時把藥球全力往上推到最大高點，讓球自然落地再重複動作。

參與肌群

主要肌群： 胸大肌、肱三頭肌、前三角肌

輔助肌群： 臀大肌、股四頭肌 (股直肌、股外側肌、股中間肌、股內側肌)

動作要點

　　反向跳藥球上推同時訓練上肢與下肢的垂直發力能力，動作從下肢的反向跳爆發力傳遞到上肢全力推出藥球。這項訓練可以有效強化垂直方向的爆發力，並且適用於許多運動項目，比方說籃球帶球上籃或搶籃板的動作就很相似。排球運動員的攔網動作也需要下肢完全伸展與上肢垂直向上的動作。

變化動作

反向跳搭配反向跳上推

　　在反向跳藥球上推的動作之前，搭配一到兩下單純的反向跳作配合。彈跳與推球的配合相對比較接近運動中的動作模式，透過前兩下的反向跳預先做好準備推球。前幾下的反向跳可以是最大或次最大的跳躍高度，取決於你一組的跳躍次數，目的在於透過前幾下的反向跳，讓最後一下的藥球上推達到最大高度。

6.12 反向跳低手藥球上拋

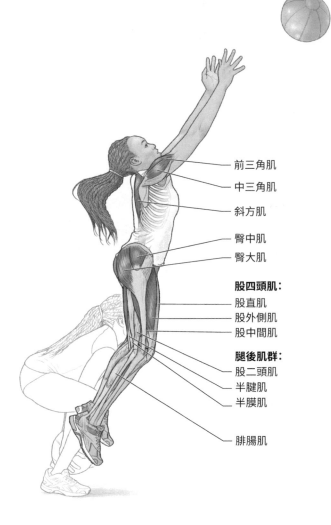

前三角肌

中三角肌

斜方肌

臀中肌

臀大肌

股四頭肌：
股直肌
股外側肌
股中間肌

腿後肌群：
股二頭肌
半腱肌
半膜肌

腓腸肌

動作步驟

1. 身體站直，把藥球抱在腰部高度。

2. 反向下蹲到深蹲姿勢，上半身挺直、手臂向下伸直準備借助下肢力量。

3. 用力伸直膝關節與髖關節，以反向跳的方式把身體往上帶動。如果力量足夠的情況下，腳掌可以順勢離地，手臂在過程中保持打直。

4. 在身體站直時，用力把藥球由下往上拋到最大高度。藥球軌跡可以垂直往上，如果要拋給同伴則稍微往前拋出。

5. 在力量足夠的情況下，身體在拋出藥球時也會跟著離開地面。注意避免藥球下墜時打到自己。

參與肌群

主要肌群： 斜方肌、前三角肌、中三角肌、臀大肌、臀中肌、股外側肌、股中間肌、股內側肌、半腱肌

輔助肌群： 腓腸肌、股二頭肌、半膜肌、腹直肌

動作要點

反向跳藥球上拋可以最大強度的方式訓練爆發力，或以次最大的強度訓練肌力。向上拋投的動作訓練上肢拉扯動作的爆發力，對划船與摔角相當有幫助。下肢的參與可以強化起始肌力以及垂直跳躍能力。

如同多數的拋投運動必須搭配下肢最大爆發力，以及上肢最大速度來把球或其他物件拋到最遠的距離，只是把拋投的方向從水平換到垂直作訓練。如果想訓練最大爆發力，每組建議 6-8 下反覆次數，次最大的肌力訓練則以 8-15 下為佳。此外藥球上拋的動作也可以用來替代舉重動作，訓練垂直方向的爆發力。

變化動作

反向跳搭配低手藥球上拋

在作藥球上拋前，先搭配幾下反向跳提高訓練強度。某些情況建議搭配 1-2 下的反向跳再做上拋可以更有爆發力。在做前幾下預備反向跳時，直接把球抱在頭上，最後一下再向下到腰部準備作出上拋動作。每組建議作 4-5 下來訓練垂直方向的爆發力。

6.13 分腿藥球側拋

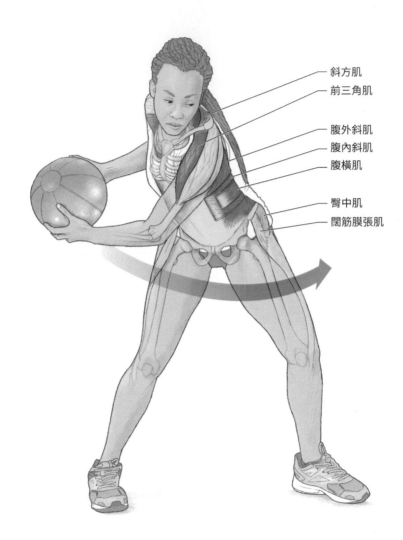

斜方肌
前三角肌

腹外斜肌
腹內斜肌
腹橫肌

臀中肌
闊筋膜張肌

動作步驟

1. 雙腳前後分腿，後腳腳尖與前腳腳跟距離 30-40 公分，左右保持與肩同寬。
身體站直，雙手伸直把藥球抱在身體另一側。

2. 雙手把藥球拉往距離目標較遠的另一側髖部後，用力往側邊拋向同伴或牆面。同伴必須把球傳回身體中段的高度，如果面對牆壁則需要有夠近的距離來確保球可以反彈回到腰部高度。

3. 以固定的節奏反覆側拋後再換組換邊。

參與肌群

主要肌群：前三角肌、斜方肌、腹外斜肌、腹內斜肌、腹橫肌、多裂肌

輔助肌群：豎脊肌 (棘肌、最長肌、髂肋肌)、臀中肌、闊筋膜張肌

動作要點

　　側向拋投的動作可以在分腿的姿勢下，訓練軀幹轉體的爆發力。動作同時結合下肢的力量與穩定，搭配上肢與軀幹的活動度。你可以用循環有節奏的方式連續側拋來強化肌力，或者以最大的力量側拋來訓練轉體的爆發力，同時可以強化在分腿姿勢下的動作基礎。

變化動作

跳分腿接側拋

　　從身體站直的位置直接跳到分腿姿勢，前腳大腿與地面平行，增加分腿側拋動作的動態性。跳分腿的動作可以增加下肢負荷，並且誘發下肢組織彈性特質。注意避免分腿時過低導致後腳膝蓋撞擊地面。這種變化方式很適合需要快速變換腳步，來達到最好發力位置的運動，例如排球、羽毛球、網球與壁球。

6.14 側向單臂傳球

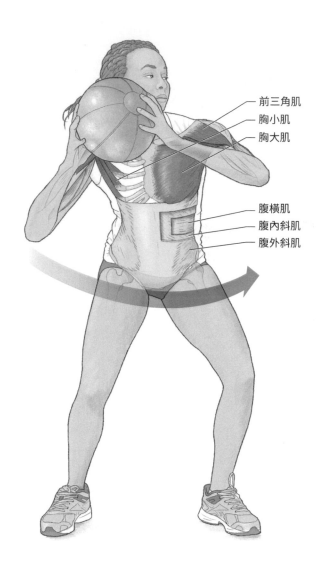

前三角肌
胸小肌
胸大肌

腹橫肌
腹內斜肌
腹外斜肌

動作步驟

1. 雙腳與肩同寬，側向站立面對目標，膝蓋微彎，上半身打直把藥球抱在其中一側的肩膀高度。

2. 用力把肩膀轉向另一側，預先伸直上半身與軀幹肌群。

3. 由下肢推蹬地面的力量開始動作。當力量往上傳到軀幹時，開始用力轉動肩膀把藥球往前全力推向身體另一側。同伴必須把藥球傳回肩膀高度，如果面對牆面則需要有夠近的距離來確保球可以回到適當位置，再做下一次側向傳球。

4. 透過每下接到藥球時順勢轉向另一側作預伸展，再用力推出，讓動作有固定的節奏連續反覆執行。完成後換組換邊。

參與肌群

主要肌群： 胸大肌、胸小肌、前三角肌

輔助肌群： 腹橫肌、腹內斜肌、腹外斜肌、多裂肌、肱三頭肌

動作要點

　　側向單臂傳球的動作需要軀幹強烈旋轉的動作，這種動作和拳擊中的鉤拳很相似。透過軀幹與肩膀的旋轉，強力伸展核心肌群產生更大的力量。動作過程最好可以完全運用到關節整個活動範圍來傳球，才能由上而下完整訓練。動作必須流暢快速，每一下的結尾可以稍作停頓，肌肉徵召的形式也類似美式足球線衛把球推過防守者，或籃球快速抄截的動作。

變化動作

弓箭步轉側向傳球

　　從弓箭步的姿勢做側向傳球，會增加上肢與核心的發力。不管是傳過內側腳大腿或外側腳方向，兩邊都可以均衡訓練。弓箭步左右腳與肩同寬，前後腳腳尖與腳跟相距 30-50 公分，傳球必須快速有力並在過程中保持姿勢穩定。

6.15 跪姿側向拋投

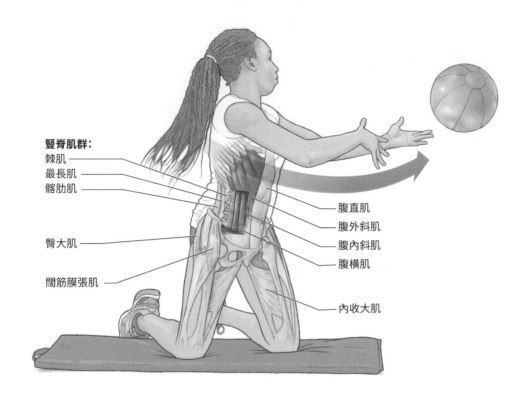

豎脊肌群：
棘肌
最長肌
髂肋肌

臀大肌

闊筋膜張肌

腹直肌
腹外斜肌
腹內斜肌
腹橫肌

內收大肌

動作步驟

1. 雙膝跪地，側身面對拋投方向，把藥球抱在身體前方腰部高度。可以配合同伴或對牆拋投。膝蓋下方可以墊著軟墊或瑜伽墊保護膝蓋。

2. 把球拉向目標的另一側，旋轉肩膀與髖關節預先伸展核心肌群。

3. 把球快速甩過身體靠近腹部的位置，順勢延展手臂拋出藥球。

4. 接到同伴傳回或者牆壁反彈的藥球時，順勢把身體再次旋轉拉向另一側準備下次側拋。

5. 同一邊連續反覆完成後，換組換邊訓練。

參與肌群

主要肌群：腹外斜肌、腹內斜肌、腹橫肌、多裂肌

輔助肌群：腹直肌、豎脊肌 (棘肌、最長肌、髂肋肌)、臀大肌、闊筋膜張肌、內
收大肌

動作要點

　　膝蓋跪地側拋比站姿側拋需要更大的軀幹旋轉動力以及上肢的活動度。把球拉
過身體的動作必須要強而有力，才能同時誘發上肢與核心產生力量。可以用快速
連續的方式側拋，或者以最大力量來訓練每一次爆發力。

變化動作

跪姿轉體後傳

　　以跪姿把球傳到身體後方，會需要更大的軀幹活動範圍。配合同伴站在後方準
備接球，傳回球時順勢把身體作反向動作轉往另一側，讓每下後傳都能借助到肌
肉彈性位能。後傳的動作不需要以最大肌力執行，重點在於保持節奏反覆訓練更
大的身體活動範圍。

6.16 跪姿過頭拋投

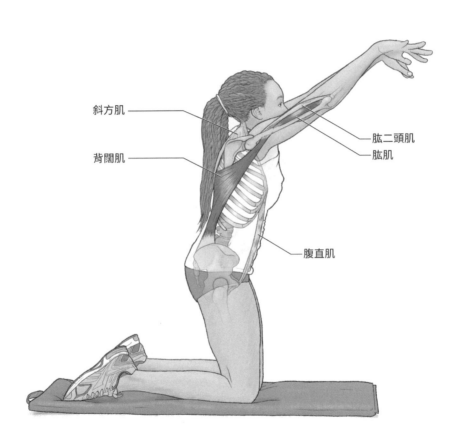

斜方肌

背闊肌

肱二頭肌

肱肌

腹直肌

動作步驟

1. 雙膝跪在軟墊上作準備。

2. 雙手把藥球過頭往後拉,並用力向前拋向同伴或牆面。

3. 因為跪姿動作會增加拋投時肩膀與手臂的負擔，建議使用較輕的藥球或者縮短目標距離來訓練。

4. 拋出後，在原位準備接住同伴回傳或者牆壁反彈的藥球。接住後順勢往後伸展主要作用的肌群，準備下一次的拋投。

5. 過程中保持穩定有力的跪姿。

參與肌群

主要肌群：背闊肌、肱肌

輔助肌群：腹直肌、斜方肌、肱二頭肌

動作要點

跪姿過頭拋投要比站姿動作需要更多核心與上肢力量，因為站姿相對有更多肌群可以參與動作來訓練爆發力。這裡建議跪姿拋投要以快速且短距離的訓練方式為主。

變化動作

跪地搭配過頭拋投

透過往前跪地的動作，增加拋投的動力與速度。先以次最大的強度訓練以熟悉動作，並確定自己可以掌握利用手臂輔助安全跪地的方式。

6.16 側向轉體過頭拋投

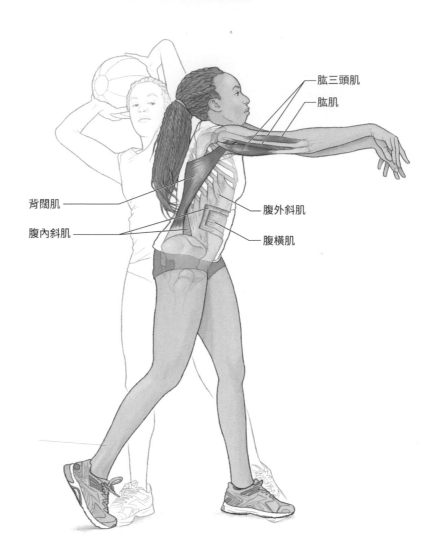

肱三頭肌

肱肌

背闊肌

腹內斜肌

腹外斜肌

腹橫肌

動作步驟

1. 側向面對拋投目標，雙腳與肩同寬，雙手把藥球抱在頭部上方。

2. 把藥球往後拉到頭部後方，彎曲手肘預先伸展肱三頭肌。

3. 旋轉軀幹把球往前拉過頭頂，往前開始拋投。

4. 拋投時軀幹可以向前傾，增加投擲力道。

5. 單邊連續反覆完成一組後，換組換邊。

參與肌群

主要肌群： 背闊肌、肱肌、肱三頭肌

輔助肌群： 腹橫肌、腹內斜肌、腹外斜肌、多裂肌

動作要點

　　側向轉體過頭拋投結合核心肌群旋轉的力量，以及肩膀與手臂的肌力。軀幹旋轉搭配上肢拋投的動作，和棒球投手的投球分期動作非常相似，兩者都需要儲存與釋放核心肌群的彈性位能。

變化動作

跪姿側向過頭拋投

　　以跪姿的方式執行側向的拋投，可以更加針對核心與上肢肌群去做強化。把球拋出前，同樣可以做彎腰動作加強拋球力量，因為以坐姿或跪姿拋投對肩關節負擔較大，必須謹慎選擇藥球重量。另外選擇較軟的地面以避免膝蓋受傷，有時候也可以視情況使用軟墊增加舒適度。

6.18 側向投手拋投

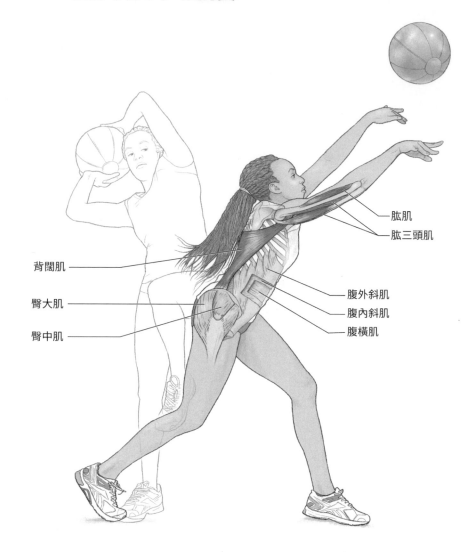

肱肌
肱三頭肌
背闊肌
臀大肌
臀中肌
腹外斜肌
腹內斜肌
腹橫肌

動作步驟

1. 側身面對拋投方向，雙腳與肩同寬，把球抱在胸口高度作準備。

2. 把藥球拉到肩膀外側距離目標最遠處，同時提起靠近目標（同伴或牆面）側的膝蓋，準備做動態弓箭步，繼續旋轉軀幹，肩膀把藥球帶到頭部後方。

3. 一旦把球拉到頭部後方，就立刻把身體重心轉向目標，雙手把球往前往上拉過頭頂。

4. 提膝腳上前踏步轉弓箭步，並快速把球往前拋出。

5. 結束拋投動作姿勢時，手臂向前延伸，下肢呈弓箭步。通常左右兩邊都要均衡訓練，平均強化肌力與活動度。你可以每下左右互換，或者完成一組後再換邊。

參與肌群

主要肌群：背闊肌、肱肌、肱三頭肌

輔助肌群：腹橫肌、腹內斜肌、腹外斜肌、多裂肌、臀大肌、臀中肌

動作要點

藉由模擬投手投球動作，讓原本的過頭側拋增加動態訓練的成分。把球劃半圓繞到腦後，搭配身體從單腳提膝到弓箭步的姿勢，可以同時運用到上半身的彈性位能以及身體向前的動力。因為整體動作需要把握準確的時間點與協調，相對適合進階運動選手。可以用左右互換的方式，或者單邊完成一組後再換邊動作。

變化動作

弓箭步投手拋投

把投手拋投的動作改成以弓箭步的姿勢，一腳踩在身體前方，另一腳膝蓋在地面作支撐，可以做為投手拋投的前置動作以降低難度。把身體固定在結束的姿勢，可以讓選手先專心做好上半身的拋投動作。這種拋投方式的力量主要來自於上肢，而來自核心的力量會較小。

6.19 藥球砸地訓練

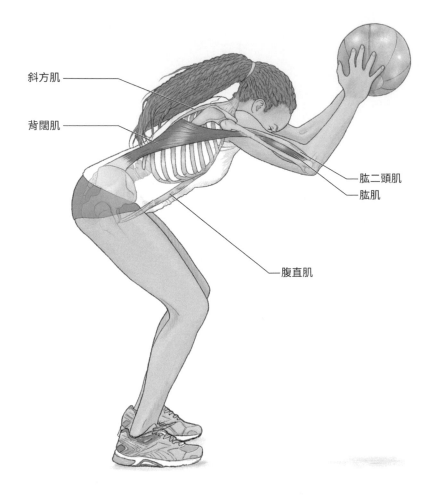

斜方肌

背闊肌

肱二頭肌

肱肌

腹直肌

動作步驟

1. 雙腳保持骨盆寬度,雙手打直把球舉過頭頂。

2. 軀幹用力向前傾,快速降低重心,讓肩膀與手臂預先產生張力。

3. 雙手伸直把球砸向地面,地上的目標必須至少距離腳掌前方約 30 公分的距離,避免藥球反彈撞到臉部。

4. 每下反覆次數準備好再執行,不需要完全連貫執行。

參與肌群

主要肌群： 背闊肌、肱肌

輔助肌群： 腹直肌、髂腰肌群、斜方肌、肱二頭肌

動作要點

　　藥球砸地的訓練可以強化身體前側肌群的爆發力，適合游泳選手上肢滑水以及其他需要拉扯抓握動作的運動項目。動作由核心發力傳遞到上肢，因為下丟的動作對肩關節負擔較大，需要選擇適當重量的藥球避免過度訓練。訓練初期先以較少的反覆次數執行，提高動作品質後再增加訓練量。

變化動作

轉體藥球砸地

　　加入軀幹轉體的動作到藥球砸地之中，把藥球砸向身體左右兩側的地面。起始動作和一般藥球砸地動作相同，在往下丟出藥球時搭配身體轉向某側，這種變化方式會運用到更多腹內外斜肌的力量。

6.20 壺鈴盪壺

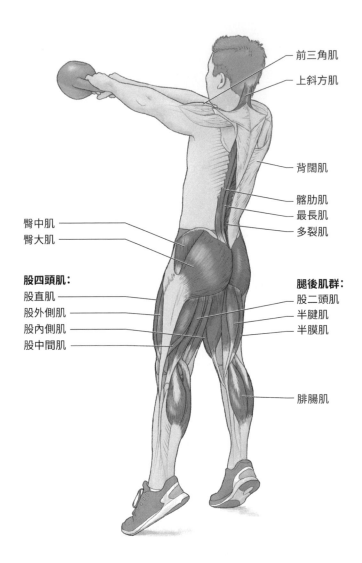

前三角肌

上斜方肌

背闊肌

髂肋肌
最長肌
多裂肌

臀中肌
臀大肌

股四頭肌：
股直肌
股外側肌
股內側肌
股中間肌

腿後肌群：
股二頭肌
半腱肌
半膜肌

腓腸肌

動作步驟

1. 身體站直，雙手抓住壺鈴擺在身體前方腰部高度，雙腳打開超過肩寬，腳尖微微向外。

2. 向下採深蹲姿勢並保持背部打直，雙眼直視前方。下蹲時髖關節往後，使壺鈴往下靠近地面。

3. 準備開始盪壺動作，把壺鈴下放到雙腿之間，前臂約在腹股溝的位置。下背保持打直朝上，髖關節向前推進，讓壺鈴往前往上呈弧線軌跡擺盪。

4. 手臂順勢往上到胸口高度左右。注意動力是來自於下肢與背部挺直的力量帶動，而不是靠手臂出力拉提。

5. 在盪壺頂點，讓壺鈴落下時延原本路徑回到原位，髖關節向後下蹲以緩衝壺鈴下降的速度與重量。

6. 連續反覆做完設定好的盪壺次數。

參與肌群

主要肌群：臀大肌、臀中肌、股四頭肌 (股直肌、股外側肌、股中間肌、股內側肌)、腿後肌群 (股二頭肌、半腱肌、半膜肌)、腓腸肌

輔助肌群：前三角肌、上斜方肌、背闊肌、多裂肌、胸最長肌、髂肋肌

動作要點

　　壺鈴盪壺動作可有效訓練到髖關節後側肌群的牽拉爆發力，以及下肢髖膝踝三關節的伸展動作。力量由下肢經由核心傳遞到上肢，完成盪壺動作完整串連全身動力鏈，能有效訓練全身性的爆發力。透過盪壺訓練的伸髖爆發力，可以應用在需要許多衝刺與跳躍動作的運動項目中。

變化動作

單手盪壺

　　單手盪壺會把重量集中到單邊手臂上，而身體也會因應不對稱的負荷作微調。動作本身發力的方式和雙手盪壺相同，只是軀幹在盪壺的頂端會作一點旋轉來平衡重心。選擇適合的壺鈴重量，避免動作力學不當導致受傷。

6.21 雙手推沙袋

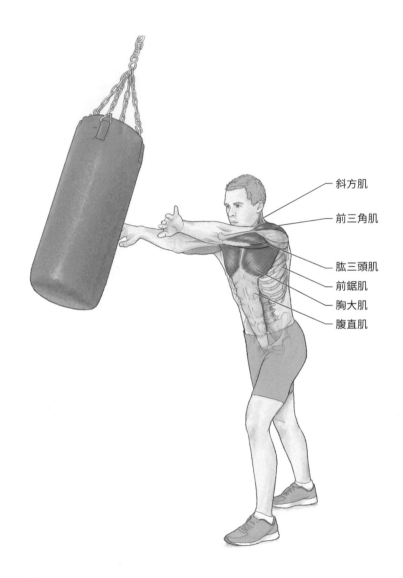

斜方肌

前三角肌

肱三頭肌

前鋸肌

胸大肌

腹直肌

動作步驟

1. 站在懸吊的拳擊沙袋前方,用前後分腿的姿勢增加穩定性。左右腳與肩同寬,前腳腳跟距離後腳腳尖約 10-20 公分。

2. 雙手放在沙袋上，手肘在軀幹兩側，伸直手肘盡全力把沙袋向前推。

3. 推出後，讓沙袋自然擺盪回來，雙手預備接住沙袋，讓沙袋減速接近胸口，過程中保持雙手力道相同。

4. 快速反向再次用力推出沙袋，以相同方式完成每組的反覆次數。

參與肌群

主要肌群：胸大肌、肱三頭肌、前三角肌

輔助肌群：前鋸肌、斜方肌、腹直肌

動作要點

　　透過沙袋進行上肢增強式訓練，可以有效幫助接觸型與技擊類運動項目。選手在動作過程中必須預測沙袋的軌跡，以雙手做出強力的向心前推以及離心緩衝的協調動作。透過沙袋的往返來誘發上肢肌群的伸展收縮循環，是相對有效且安全的方式。

變化動作

單手推沙袋

　　這個單手推沙袋的變化動作可以增加身體旋轉的力量，應用在投擲與鉤拳等動作上。動作結合下半身肌力以及上半身爆發力傳遞到單手推出。連續反覆的推沙袋動作，可以訓練到彈性爆發力以及全身肌力。通常建議每組單手推沙袋的次數在 6 下以內以維持每下的爆發力。身體可以站在沙袋側面，用前後分腿的方式穩定軀幹。

MEMO

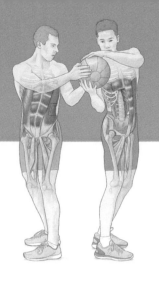

核心肌群增強式
訓練動作

所有的運動計畫絕對無法忽視核心肌群特殊的重要性。雖然許多訓練的目標都是藉由訓練特定肌群來強化某項動作表現，但增強式動作的關鍵不只在如何產生力量與運用核心傳遞力量，更重要的是在所有動作過程中維持姿勢的穩定。

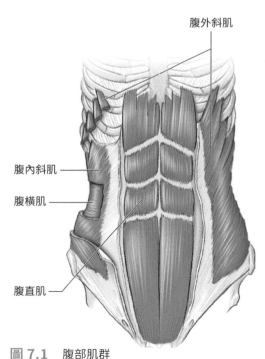

腹外斜肌

腹內斜肌

腹橫肌

腹直肌

因此腹部肌群 (圖 7.1) 與背部肌群在運動中，時常扮演互相輔助牽制的關係：

圖 7.1　腹部肌群

191

當其中一方需要完成動態動作，另一方就負責協助穩定收縮，因此在訓練運動表現時要有全面性的考量。選擇可以正確徵召到核心與背部肌群的訓練動作，來模擬專項方面的需求。

組成核心的肌群常被區分為深層核心與表層核心，這樣的分類方式主要是依據解剖位置以及動作功能。深層核心主要的功能是維持身體中段的穩定與適當的姿勢，並協助在爆發力動作中保持軀幹中立。

表層核心肌群 (圖 7.2) 主要產生並協助許多動態動作如衝刺、跳躍與投擲的發力，軀幹的伸展、屈曲以及旋轉動作，也仰賴表層核心在不同解剖平面上的控制。因為運動的動作通常涵蓋不同肌群協同收縮，因此無論是表層或深層核心都需要被納入訓練計畫之中。

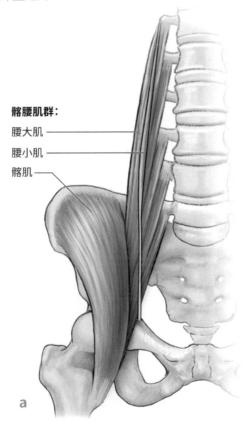

髂腰肌群：

腰大肌

腰小肌

髂肌

a

圖 7.2(a)　表層核心肌群：前側

深層核心主要是由腹橫肌、多裂肌、橫膈膜以及骨盆底肌所構成，這些肌群以協同收縮的方式支撐住脊椎，特別在動態的爆發性跑跳與投擲動作中更為重要。表層核心主要由腹直肌、豎脊肌群（棘肌、髂肋肌、最長肌）以及腹內外斜肌所構成。

深層核心肌群扮演穩定角色的同時，表層肌群就參與爆發性動態動作的發力功能，這些肌群彼此互相協調收縮，產生軀幹的屈曲動作（腹直肌與髂腰肌）、背部伸展動作（豎脊肌群搭配伸髖肌群如臀大肌以及腿後肌），以及軀幹旋轉與側彎動作（腹內外斜肌）。這些肌群必須以平衡且協調的方式進行訓練，才能提升運動表現並且降低受傷風險。

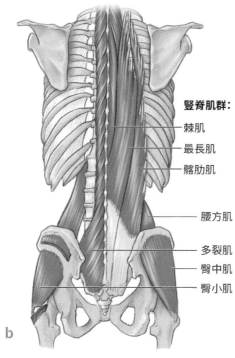

圖 7.2(b)　表層核心肌群：背側

在本書中提到的所有訓練動作，都需要核心肌群一定程度上的參與，不論是維持脊柱穩定或者協助產生爆發力動作，因此針對核心肌群的特別訓練，必須有技巧性地安插到你的訓練計畫之中，才能避免過度訓練造成的傷害。

7.1 仰臥起坐藥球胸推

胸大肌
腹直肌
股直肌

腹外斜肌
腹內斜肌

動作步驟

1. 採坐姿把藥球抓在身體前方胸口高度，雙腳膝蓋屈曲 90 度。

2. 讓軀幹在控制下平順的躺下，過程中藥球維持在身體前方靠近胸口。

3. 做一個快速有力的仰臥起坐，保持藥球在固定的位置使軀幹往前往上。

4. 在仰臥起坐的動作頂端，用力把藥球推向同伴或牆面，同伴必須把藥球傳回你的胸口位置。如果是面對牆壁練習則需要距離牆面夠近，讓球可以自然反彈回到胸前。

5. 藥球反彈後用雙手接住藥球減速靠向胸口，藉由藥球的動力讓上身再次躺向地面，再重複做仰臥起坐與胸推。

參與肌群

主要肌群：腹直肌、髂腰肌、股直肌

輔助肌群：胸大肌、腹外斜肌、腹內斜肌

動作要點

仰臥起坐藥球胸推結合表層核心的屈髖肌群與軀幹屈曲的肌群，搭配動作完成時的上肢胸推傳球動作。訓練時可以搭配同伴或牆壁作連續反覆動作。胸推傳球的動作必須配合仰臥起坐起身的動力讓傳球穩定有力。

針對爆發力作訓練可以用最快的速度做每組 6-8 下反覆，而針對肌力肌耐力的強化則建議每組 10-20 下反覆。訓練初期選擇 3-4 公斤的藥球先建立基礎肌力與動作效率，隨著肌力進步再增加藥球重量。

變化動作

過頭仰臥起坐胸推傳球

以過頭傳球的方式搭配仰臥起坐，可以增加表層核心額外伸展的張力，主要包括腹直肌與腰肌。藥球反彈時同樣以過頭頂的方式接住藥球，讓藥球的動力把身體帶回原位。在仰臥起坐的前半段，保持雙手將藥球抓在頭頂上方，在仰臥起坐起身時順勢配合軀幹力量把藥球傳出。連續反覆動作來訓練肌力與爆發力。一開始先用較輕的藥球，適應過頭動作對腹部肌群額外的張力。

7.2 藥球手腳互傳兩頭起

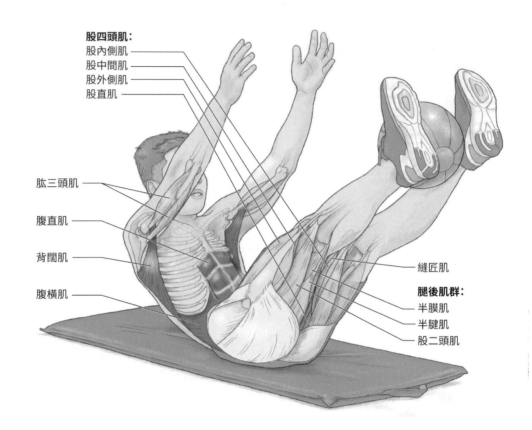

股四頭肌：
股內側肌
股中間肌
股外側肌
股直肌

肱三頭肌

腹直肌

背闊肌

腹橫肌

縫匠肌

腿後肌群：
半膜肌
半腱肌
股二頭肌

動作步驟

1. 仰臥雙腳互相平行打直，雙手在頭頂上方抓住藥球。

2. 腹肌收縮讓軀幹屈曲，雙手保持打直把藥球傳到雙腳中間。

3. 雙腳固定藥球回到仰臥姿勢。

4. 再次屈曲軀幹讓球從兩腿中間傳回雙手，接住藥球後慢慢回到仰臥姿勢。

5. 保持固定節奏，穩定控制完成目標反覆次數。

參與肌群

主要肌群：背闊肌、腹橫肌、腹直肌、髂腰肌群

輔助肌群：肱三頭肌、股四頭肌 (股直肌、股外側肌、股中間肌、股內側肌)、腿後肌群 (股二頭肌、半腱肌、半膜肌)、縫匠肌

動作要點

　　藥球手腳互傳兩頭起是非常適合訓練核心肌群的動作，但動作本身相當考驗運動員的協調能力。要單純依賴核心肌力把藥球由雙手傳到雙腳，再反向傳回需要有良好的軀幹穩定與控制能力，同時也考驗運動員腿後與背部肌群的柔軟度。雖然這個動作不能算是動態的核心訓練，但對於發展整體核心肌力與活動度仍相當有幫助。

變化動作

側腹手腳互傳兩頭起

　　在兩頭起的動作中加入軀幹旋轉的動作做變化。當雙腳把球傳回手中時，先偏向身體其中一側再傳球，雙手接到球後不需要舉到頭頂，直接將手臂延伸到身體另一側，徵召腹內外斜肌收縮。然後再將藥球拉回軀幹前方的雙腳中間。

7.3 腹捲傳接球

肱三頭肌
腹直肌
腹橫肌
腹內斜肌
腹外斜肌

動作步驟

1. 仰臥，雙腳膝蓋屈曲 90 度，請同伴雙手拿著藥球站在你的頭部後方。

2. 同伴拿著藥球的高度，必須你作腹捲抬高上半身才能拿得到。

3. 拿到藥球後，身體回到仰臥姿勢，過程中手臂打直。

4. 再次做腹捲，把球放回同伴手中後躺回地面。

5. 在穩定控制的情況下完成目標的反覆次數，拿球與放球兩次動作輪流交替。

參與肌群

主要肌群： 腹橫肌、腹直肌、髂腰肌

輔助肌群： 肱三頭肌、腹外斜肌、腹內斜肌

動作要點

　　腹捲傳接球是透過拿球、放球動作交替進行，連續反覆的腹捲訓練。這項動作可以訓練腹部肌力，也可以透過高反覆次數的方式增加前側核心的肌耐力，你可以視需求做每組 10-50 下的反覆動作。訓練初期建議使用 2-3 公斤的藥球建立基礎肌力，隨著肌力提升再增加重量。

變化動作

反應腹捲傳接球

　　同伴不需要每次都將藥球固定在相同位置，可以藉由改變藥球位置讓你運用不同部位的核心肌群來拿到或放回藥球。同伴可以在肩膀左中右三個位置輪換藥球位置，讓你做軀幹側彎或旋轉動作來拿球，這樣的變化方式更符合運動場上的情況，比方說拳擊比賽的軀幹動作。

7.4 坐姿藥球側拋

後三角肌
腹直肌
腹橫肌
腹內斜肌
腹外斜肌
股直肌

動作步驟

1. 坐姿膝屈大約 90 度，把藥球抱在腹部的位置。

2. 將藥球拉向身體側邊，預先反向旋轉肩膀與軀幹產生張力。

3. 快速轉動肩膀並拉動藥球畫過身體拋向同伴或牆面，同伴必須把球傳回你的
   腰部位置。如果面對牆壁則需要讓距離夠近，才能確保藥球能反彈回到腰部
   的位置。

4. 接到藥球的同時，讓藥球的動力帶動肩膀順勢轉向另一側，接著做下一次側
   拋。

參與肌群

主要肌群： 腹外斜肌、腹內斜肌、腹橫肌、腹直肌

輔助肌群： 後三角肌、髂腰肌、股直肌

動作要點

　　坐姿藥球側拋主要訓練核心的旋轉能力。核心肌群必須要能同時維持坐姿穩定以及藥球側拋的動作，因此在這種情況下會同時訓練深層與表層的核心肌群。可以用較小且快速的旋轉範圍，來模擬軀幹在衝刺時的轉動，或者以大範圍橫掃的方式做側拋，模擬投擲運動的軀幹活動方式。

變化動作

腳掌離地坐姿側拋

　　以腳掌離地的變化方式執行坐姿藥球側拋，會增加軀幹平衡的難度。腳掌離地的動作需要髂腰肌以及股直肌的收縮，增加腹直肌與腹內外斜肌對轉體動作與穩定姿勢的考驗。

7.5 坐姿變向藥球胸推

胸大肌
腹直肌
腹外斜肌
腹內斜肌
腹橫肌
股直肌

動作步驟

1. 坐在地上，雙手將藥球抓在腹部，雙腳離地懸空數公分。

2. 快速的以胸推的方式把藥球傳給距離約 90-120 公分的同伴，過程中雙腳保持懸空。

3. 同伴必須以圍繞你為中心的半圓形軌跡移動。你也必須配合同伴的位置轉動軀幹來完成每一下的藥球胸推。

4. 每組約 12-30 下的傳球過程中，同伴必須持續保持半圓形軌跡移動。

參與肌群

主要肌群： 腹外斜肌、腹內斜肌、腹橫肌、腹直肌

輔助肌群： 胸大肌、腹直肌、髂腰肌

動作要點

　　坐姿變向藥球胸推是透過腳掌離地，有效訓練前側核心肌群，並在傳球與接球的同時維持姿勢穩定。依照不同的反覆次數決定訓練目標，這項動作也能用來訓練基礎肌耐力。可以做每組 10-30 下的胸推傳球，每次訓練完成 3-5 組動作。訓練初期藥球重量建議在 3 公斤以內，隨著肌力上升再提高重量。透過同伴以半圓形的軌跡改變傳球方向，可訓練選手軀幹旋轉與穩定能力。

變化動作

坐姿轉體碰地傳球

　　這個變化動作需要你和同伴執行相同的訓練動作。首先兩者同樣以坐地方式腳掌離地，其中一方手持藥球作軀幹旋轉，左右各碰地一下後以胸推傳球給對方，對方重複相同動作再傳回藥球。

　　接著提高左右碰地次數，以漸進的方式到 4 下、6 下、8 下到 10 下之後再傳出藥球，過程中腳掌保持懸空，完成 10 下轉體碰地後，下一次再依序遞減 2 下碰地，直到雙方都回到最初的 2 下碰地後結束。雙方在每一組訓練都需要完成 2、4、6、8、10、8、6、4、2 從遞增到遞減碰地次數後再傳出藥球，完成一整組之後再放下雙腳休息。

7.6 背對背轉身傳球

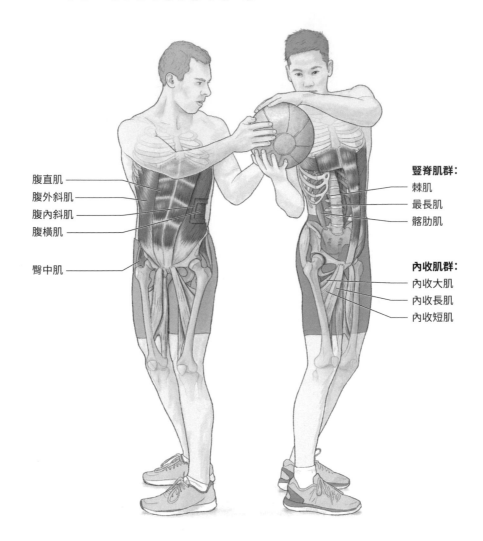

腹直肌

腹外斜肌

腹內斜肌

腹橫肌

臀中肌

豎脊肌群：

棘肌

最長肌

髂肋肌

內收肌群：

內收大肌

內收長肌

內收短肌

動作步驟

1. 和同伴相距約一個腳掌的距離背對背站立，讓肩膀有足夠的旋轉空間，一人
將藥球抱在腰部高度作準備。

2. 肩膀朝一側轉身把球遞給同伴，同伴也往靠近球的那一側轉身接球。過程中直接把球交給同伴而不要用拋丟的方式。

3. 同伴接到球後再做 180 度轉身到另一側把球給你，你也要同時轉到另一側接住同伴的球，讓球完整轉一圈 (順時針或逆時針)。

4. 讓球維持穩定的速度朝同一個旋轉方向，轉指定的圈數後完成。

5. 換組時，球改為以反方向旋轉 (若前一組為順時針，則這一組為逆時針)。

參與肌群

主要肌群： 腹外斜肌、腹內斜肌、腹橫肌、腹直肌

輔助肌群： 髂腰肌群 (腰大肌、腰小肌、髂肌)、豎脊肌 (棘肌、最長肌、髂肋肌)、臀中肌、內收肌群 (內收短肌、內收長肌、內收大肌)

動作要點

　　背對背轉身傳球是經典的核心訓練動作，可用有節奏的方式循環執行，來訓練基礎核心肌力以及軀幹旋轉活動度。由於在多數運動項目中，改變方向的動作大多由軀動來帶動。這類的旋轉運動，可以幫助身體建立良好的旋轉協調基礎。轉身傳球的動作以流暢穩定為主，不需要特別提高速度，每組同一方向約做 10-15 下的反覆次數。

變化動作

跪姿轉身傳球

　　背對背傳球也可以用跪姿的方式，減少下肢的協助，提高對於核心肌群活動度的考驗。不論是站姿或跪姿的方式，都可視需求調整雙方距離，改成轉身拋投的方式傳球。一樣以相同的方向做循環，再換組換邊。

7.7 地雷管轉體訓練

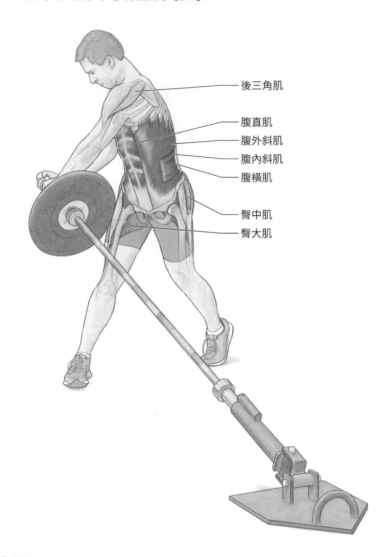

後三角肌

腹直肌
腹外斜肌
腹內斜肌
腹橫肌

臀中肌
臀大肌

動作步驟

1. 在槓鈴的一端裝上適當重量的槓片，另一端靠在健身房的牆角，或者使用特殊設計的地雷管器材做固定。

2. 站在裝有槓片端的槓鈴後方，雙腳打開超過肩膀寬度，身體正面朝向槓鈴方向。

3. 雙手抓住槓鈴尾端，利用肩膀與軀幹旋轉，以半圓弧形來回將槓鈴轉到身體的左側與右側。

4. 槓鈴的高度大約放到骨盆的位置，就可以再立刻反向轉往另一側。保持每下轉體動作左右來回的節奏。

參與肌群

主要肌群：腹外斜肌、腹內斜肌、腹橫肌、腹直肌

輔助肌群：後三角肌、豎脊肌 (棘肌、最長肌、髂肋肌)、臀大肌、臀中肌

動作要點

　　地雷管轉體是針對軀幹旋轉肌群的全身性動態訓練。槓鈴左右扭轉的動作主要來自肩關節的轉動，並且停在左右兩側髖部的高度。整體動作的執行必須在可控制的情況下，運用軀幹的肌肉彈性。透過訓練強化軀幹旋轉的肌力與爆發力，可以應用在接觸或技擊類運動中撂倒對手或擒抱動作之中。軀幹旋轉的力量同時也有助於提升投擲類運動的表現。

變化動作

跪姿地雷管轉體訓練

　　如果希望可以限制或減少下肢肌群的參與，改用軟墊採跪姿的方式也可以做地雷管轉體訓練。在跪姿的情況下，地雷管的轉動軌跡會有角度上的改變，就與站姿地雷管轉體多了一點變化。

7.8 俯臥藥球前推

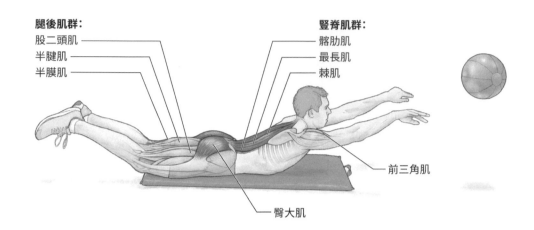

腿後肌群：
股二頭肌
半腱肌
半膜肌

豎脊肌群：
髂肋肌
最長肌
棘肌

前三角肌

臀大肌

動作步驟

1. 俯臥趴在地上，雙手向頭頂前方延伸抓住藥球，雙腿稍微分開。

2. 背部肌群與髖關節同時做極度伸展 (hyperextending)，使雙腳與上半身往上抬高。

3. 當軀幹延展到最高點時，將藥球推向同伴，盡可能把藥球丟高丟遠。

4. 丟出藥球後放鬆回到起始位置。請同伴把藥球沿地面滾回你的手中，以準備下一次的前推。

參與肌群

主要肌群： 豎脊肌 (棘肌、最長肌、髂肋肌)、臀大肌

輔助肌群： 前三角肌、腿後肌群 (股二頭肌、半腱肌、半膜肌)

動作要點

　　俯臥藥球前推是強化背側核心肌群的訓練動作。要達到背部反弓挺起上半身與雙腳，在背部肌群做極度伸展時，也必須大量徵召臀部與腿後肌群才得以平衡。

　　藥球前推必須配合身體伸展到最高點的時機，才能推出最大的高度與距離。初學者建議每組反覆次數在 8 下以內為佳。

變化動作

藥球超人上舉

　　如果覺得俯臥藥球前推難度太高，採取相對簡單的動作也可以訓練到身體背側。同樣採取俯臥姿勢把藥球抓在頭頂前方，同樣做背部極度伸展抬起上半身和雙腳，但不需要將球推出去。

　　這個變化動作可做為核心與背部肌群的前置訓練，每組做 6-10 下反覆增強肌力以便日後進階到俯臥藥球前推的訓練。盡可能在每一下背部極度伸展時都停留數秒，可同時強化肌力與肌耐力。

MEMO

8

增強式複合訓練動作

雖然運動員與教練會選擇各別的增強式訓練動作，來強化特定的動作表現或特定肌群，但對教練來說，更重要的是結合不同的增強式動作，讓訓練更貼近運動表現需求。

多數運動並非依賴單一的跳躍、投擲或其他爆發性動作完成比賽，除了在田徑項目或者團隊運動中的某項特定位置，例如棒球投手才比較有可能。一個典型的運動員可能會需要在數秒內完成衝刺、改變方向跳躍與投擲球類或物件來得分，這些不同的爆發性動作，往往會以肉眼難以辨別的方式快速轉換結合。

當然不是要每個訓練都完全模仿專項動作，而是選擇適當的增強式動作，組合出能滿足各項能力的需求。只要有技巧且有創意的整合不同訓練動作，不但能得到顯著的效果，更能提高訓練的趣味性。

本章提到的複合訓練方式有一個關鍵的動作元素就是衝刺，跑步動作（特別是快速衝刺）本身就是最純粹的增強式動作。在跑步中涵蓋的短時間觸地，以及同時產生水平與垂直反作用力的訓練，對絕大多數的運動都有幫助。當然衝刺本身就是訓練下肢爆發力與彈性位能運用最好的方式之一，只要透過與其他動作的結合就可以達到更全面的訓練效果。

增強式的動作的組合主要有下面幾大類，透過跳躍、投擲與衝刺的結合與變化，讓運動員產生足夠的正向適應，進而增進整體表現。

8.1 連續跳躍訓練

不管是跳遠、箱跳或障礙跳，試著結合各種不同的跳躍方式，可有效訓練下肢的彈性肌力，特別是同時加入多方向變化的跳躍模式。在第 4 章詳述過運用欄架與跳箱的跳躍組合，同時也可以在單腳與雙腳跳躍間作變化，並可以搭配蹦跳與彈跳動作的循環。當你在設計連續循環跳躍的組合時，必須注意每組的跳躍次數不要過多，盡可能維持跳躍與觸地的動作品質，讓組間有充分的休息時間。

8.2 跳躍搭配投擲訓練

結合一次或多次連續跳躍，搭配一記爆發性藥球投擲動作，不只可以建立下肢爆發力與彈性肌力，更可以訓練下肢傳遞力量到上肢的技巧。跳躍的軌跡可以是直線或者多方向的彈跳，最後結合下肢力量到上肢做強力投擲。在許多方面來看，跳躍動作可以提高身體的速度與加速度，並累積到最後投擲釋放。依照不同的運動需求，可用推出或者拋出的方式投擲。如同所有的複合式動作，都必須要能夠不斷累積上一個動作的動能，並在動作間傳遞轉換。

8.3 投擲搭配衝刺訓練

在衝刺前搭配爆發性的藥球投擲，可以加強衝刺動作的起始肌力。要注意選擇的藥球重量必須夠重，才能完全誘發爆發性的投擲動作，但也要避免過重的藥球反而減低動作速度造成負面影響。投擲方向可以和衝刺方向相同，比方說以藥球前推搭配往前的衝刺動作。當然也可以做相反方向的搭配，例如往後拋擲搭配往前衝刺來訓練改變方向能力。透過有效的結合方式，可以讓衝刺與投擲動作互相加成達到全身訓練的效果。

透過爆發性的投擲有效增加起跑動作的預先負荷，讓起始肌力藉由投擲與衝刺的組合而提升。在訓練時必須先注意動作執行的技術品質，讓每下投擲都能是最大爆發力搭配全速的衝刺。兩種增強式動作的結合，是訓練起始肌力與加速度最好的方法之一。

8.4 連續投擲搭配衝刺訓練

　　所有的藥球投擲方式與衝刺動作，都可以用更長的距離來做連續的投擲與分段衝刺的組合。常見的方式比如把藥球強力投擲過場地後，衝刺去撿起藥球，再次投擲連續反覆數次。不論是前推傳球、雙手拋投、過頭反向拋投或者轉體拋投都可以搭配訓練。可以透過分段的衝刺串連上述不同的藥球投擲方式作複合式訓練，例如完成藥球前推後馬上往前衝刺，再做轉體拋投後往側邊作衝刺。這些組合方式的目的，都是為了模擬實際可能在賽場上發生的動作，許多運動項目都會有在強力的爆發性動作後，立刻搭配快速移動的動作模式。

　　要建立完整增強式複合訓練，每組衝刺與投擲組合必須有 6-10 秒，並搭配充足的組間休息。更長持續時間會相對提高肌耐力訓練程度，減少運用彈性位能。

8.5 跳躍搭配衝刺訓練

　　跳躍與衝刺的結合是相當常見的複合式訓練，且可模擬許多運動的專項動作。正確的衝刺方式會比連續跳躍的觸地時間更短，但如果在衝刺前加入跳躍動作，可模擬衝刺在加速期較長的觸地時間，會需要更多到力量與爆發力。因此透過連續跳躍來模擬加速期的觸地方式，有助於提升最後衝刺的發力表現。跳躍的動作也可以模擬在直線衝刺前，多方向的觸地動作模式。

　　跳躍與衝刺結合的複合訓練，適合用來加強起始動作的肌力與爆發力，或以更快更有彈性的方式完成觸地動作。跳躍轉衝刺的串連，可模擬賽場上的實際動作或訓練高速衝刺所需的生理素質與技巧。可透過較低的欄架擺放來做連續蹦跳與衝刺的連接。前半段的欄架可以擺放得較高較遠作完整蹦跳動作，接著逐漸縮短欄架間距與高度，讓雙腳步態更接近全速衝刺，增加衝刺表現的效率。

8.6 跳躍與投擲動作相關肌群

　　當把跳躍與投擲動作以複合式的方式作訓練時，兩者常會使用到互相關聯的肌群來發力。跳躍主要仰賴臀大肌、股四頭肌、腿後肌群與小腿肌群，而投擲動作則以背肌、三角肌、胸大肌、肱三頭肌與肱二頭肌為主。有效整合這些肌群形成流暢的動力鏈來發力，將可以達到最佳表現。

8.7 反向跳搭配藥球前推

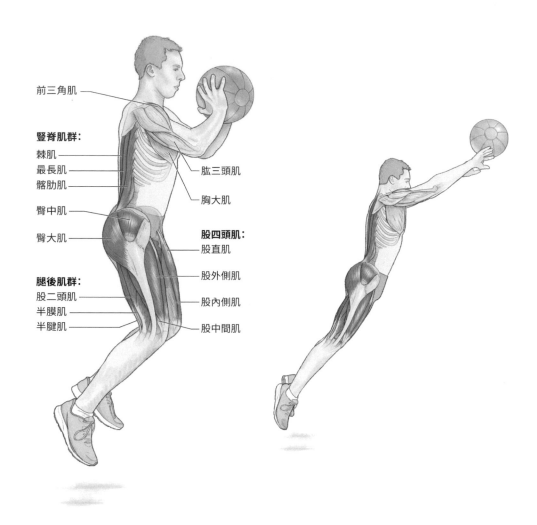

前三角肌

豎脊肌群：
棘肌
最長肌
髂肋肌

肱三頭肌

胸大肌

臀中肌

臀大肌

股四頭肌：
股直肌

股外側肌

腿後肌群：
股二頭肌
半膜肌
半腱肌

股內側肌

股中間肌

動作步驟

1. 雙腳張開接近肩膀寬度，雙手把藥球抓在胸前準備作爆發性前推動作。

2. 反向下蹲提高下肢張力準備作爆發性跳躍，起跳的高度與距離做適當的平衡，上半身盡量挺直。

3. 落地時以雙腳中足的部位著地，準備把身體往前推進，配合藥球前推動作。

4. 配合下肢的力量，把固定在胸口高度的藥球用力向前推出。

5. 雙手推球的動作必須達到最高速度，把藥球推到最遠距離。

參與肌群

主要肌群：豎脊肌 (棘肌、最長肌、髂肋肌)、臀大肌、臀中肌、股四頭肌 (股直肌、股外側肌、股中間肌、股內側肌)、腿後肌群 (股二頭肌、半腱肌、半膜肌)

輔助肌群：前三角肌、胸大肌、肱三頭肌

動作要點

結合反向跳與藥球前推，可有效訓練下肢發力以及上肢借助地面反作用力的技巧。跳躍的水平距離與垂直高度必須達到平衡，才能讓藥球完整承受到下肢的加速度，並啟動下肢伸展收縮循環。跳躍後的觸地動作必須快速將水平方向的動能，傳遞到下一次的藥球前推之中，達到最遠距離。

變化動作

連續反向跳搭配藥球前推

可以增加 2-4 下的反向跳，再向前推出藥球。這樣的變化方式可以增加連續反向跳向前的加速度，把下肢的爆發力與彈性位能一次釋放到最後一下的投擲動作。過程中把球抓在胸口高度並維持上半身挺直，做好藥球前推的準備動作。

8.8 單腳彈跳搭配藥球前推

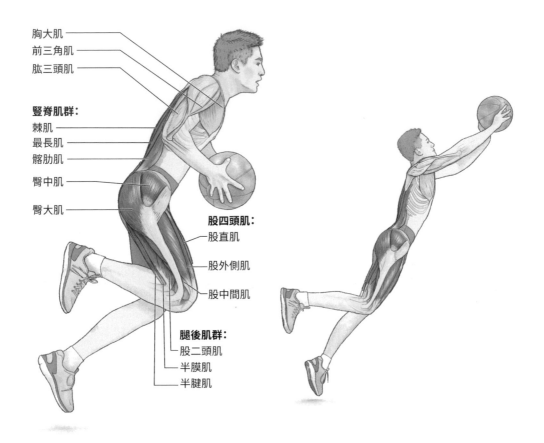

胸大肌
前三角肌
肱三頭肌

豎脊肌群:
棘肌
最長肌
髂肋肌
臀中肌
臀大肌

股四頭肌:
股直肌
股外側肌
股中間肌

腿後肌群:
股二頭肌
半膜肌
半腱肌

動作步驟

1. 單腳站立,雙手把藥球抓在胸口高度準備做爆發性前推。

2. 先做一個中等距離的單腳彈跳,確保能控制身體的穩定性以便接下來的藥球前推。

3. 以單腳中足觸地,並盡量維持上半身挺直。

4. 因為單腳能產生的推進力比雙腳低,因此做藥球前推時要盡量挺直身體讓動作更標準。

5. 借助下肢推進力量全力把藥球推到最大距離，推完後雙腳著地以維持穩定，結束一次動作。

6. 可以每下都換腳，或者用同一腳完成一組後再換組換腳。

參與肌群

主要肌群： 臀大肌、臀中肌、豎脊肌 (棘肌、最長肌、髂肋肌)、股四頭肌 (股直肌、股外側肌、股中間肌、股內側肌)、腿後肌群 (股二頭肌、半腱肌、半膜肌)

輔助肌群： 前三角肌、胸大肌、肱三頭肌

動作要點

　　單腳彈跳搭配藥球前推，可以發展下肢單側爆發力與彈性位能的運用。因為只能依賴單腳來推進，所以上半身要盡量挺直來做藥球前推，建議完成藥球前推後以雙腳落地維持平衡。

變化動作

連續單腳彈跳搭配藥球前推

　　增加藥球前推之前的單腳彈跳次數，可以累積更多身體向前的速度與加速度。建議做 2-5 下的單腳彈跳搭配藥球前推，這樣的變化動作不只可以強化單腳肌力，更可以提高動態動作中的穩定性。

8.9 欄跳搭配藥球前推

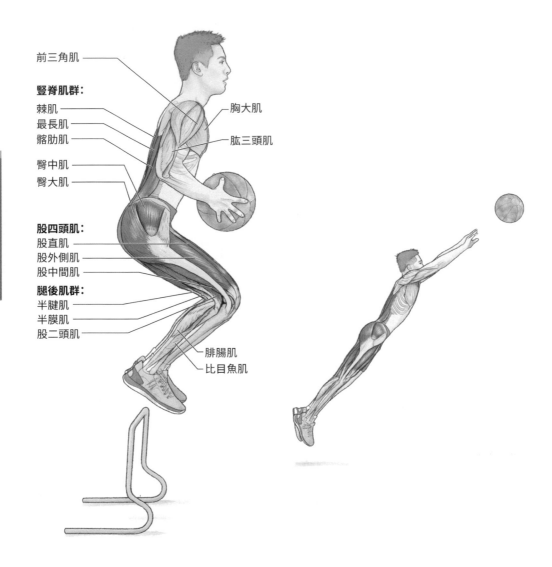

前三角肌

豎脊肌群:
棘肌
最長肌
髂肋肌

臀中肌
臀大肌

股四頭肌:
股直肌
股外側肌
股中間肌
腿後肌群:
半腱肌
半膜肌
股二頭肌

胸大肌

肱三頭肌

腓腸肌
比目魚肌

動作步驟

1. 排放一列欄架並保持適當間距,來完成雙腳跳躍。

2. 把藥球抓在胸口位置,開始連續跳過欄架

3. 確保每下欄跳的觸地動作，要以最短時間完成並保持動作彈性。

4. 跳過最後一個欄架後，做一個膝屈角度較大較深的下蹲，準備以最大爆發力跳躍。

5. 跳躍的同時，雙手用力把藥球往前推出，盡量達到最遠距離。

參與肌群

主要肌群：臀大肌、臀中肌、股四頭肌 (股直肌、股外側肌、股中間肌、股內側肌)、腿後肌群 (股二頭肌、半腱肌、半膜肌)、豎脊肌 (棘肌、最長肌、髂肋肌)

輔助肌群：胸大肌、肱三頭肌、前三角肌、腓腸肌、比目魚肌

動作要點

　　透過連續欄架做快速有彈性的跳躍搭配藥球前推，可以確保每下跳躍動作有固定的高度與距離。訓練初期可以使用較低的欄架 (15-20 公分)，低欄架可確保每下跳躍快速觸地，以及維持向前的加速度到最後投擲藥球。較高的欄架 (45-75 公分) 則是用來激發更有爆發力的跳躍動作，配合爆發性的藥球前推。

變化動作

多方向欄跳搭配藥球前推

　　可以在藥球前推之前加入直線或側向的欄跳動作做變化。多方向的欄跳可以模擬高強度的改變方向動作，最後再配合爆發性前推。初期可以使用較低欄架做適應，再逐漸增加欄架高度。

8.10 反向跳搭配過頭反向拋投

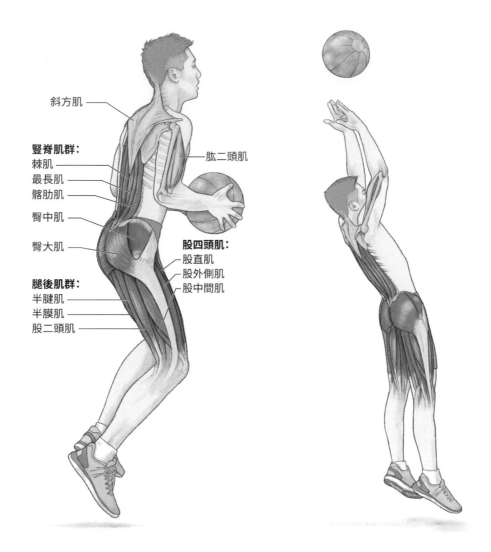

斜方肌

豎脊肌群:
棘肌
最長肌
髂肋肌

臀中肌

臀大肌

腿後肌群:
半腱肌
半膜肌
股二頭肌

肱二頭肌

股四頭肌:
股直肌
股外側肌
股中間肌

動作步驟

1. 雙腳站立與肩同寬,把藥球抓在胸口準備作爆發性的反向過頭拋投,身體背對投擲方向。

2. 反向下蹲增加下肢肌群張力準備爆發起跳。向前遠離投擲方向起跳,起跳時持續把球抓在胸口位置。

3. 落地時下蹲到深蹲位置，雙手伸直讓藥球降到雙腿之間。

4. 開始作反向過頭拋投，借助下肢力量快速將藥球由下往上沿著身體往上往後拋投。

5. 拋出球時身體微微向後仰，讓藥球達到最高最遠的位置。

參與肌群

主要肌群：臀大肌、臀中肌、股四頭肌 (股直肌、股外側肌、股中間肌、股內側肌)、腿後肌群 (股二頭肌、半腱肌、半膜肌)、豎脊肌 (棘肌、最長肌、髂肋肌)

輔助肌群：斜方肌、肱二頭肌

動作要點

　　向前的反向跳搭配往後的過頭拋投，可以訓練下肢整體爆發力與快速改變方向發力的技巧。向前跳躍與向後拉起拋出藥球的動作，同時訓練到身體前後側的動力鏈。透過彈跳增加下肢肌群的張力，刺激拋投動作有更大的肌肉徵召。在過程中務必維持身體正確姿勢，特別是在落地與拋投的轉換上，讓下肢的推蹬完全參與到上肢拋投之中以增加爆發力。

變化動作

連續反向跳搭配反向過頭拋投

　　連續的反向跳搭配反向過頭拋投，可累積彈性爆發力到最後一個爆發性動作。連續的反向跳必須要在適當的距離與力量控制之內，如果往前的動量過大會造成最後一下的反向拋投很難順暢完成。

8.11 側向反向跳搭配轉體拋投

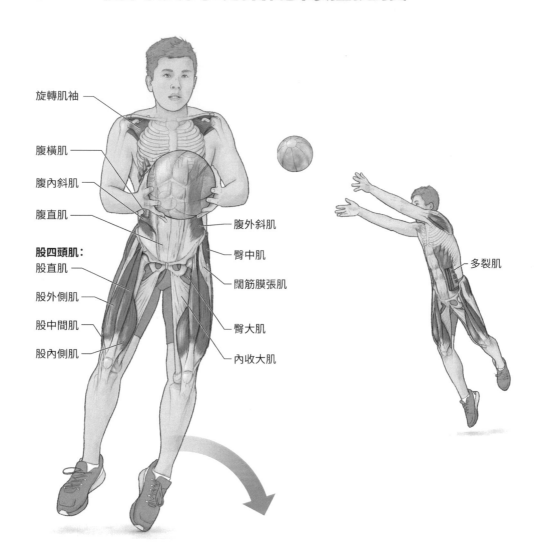

旋轉肌袖

腹橫肌

腹內斜肌

腹直肌

股四頭肌：
股直肌

股外側肌

股中間肌

股內側肌

腹外斜肌

臀中肌

闊筋膜張肌

臀大肌

內收大肌

多裂肌

動作步驟

1. 雙腳與肩同寬站立，把藥球抓在腰部高度準備做強力的轉體拋投。

2. 開始做適當距離的側向跳躍，雙腳快落地時把藥球拉向髖部外側，準備做強力轉體拋投。

3. 側向跳躍落地後，開始轉身帶動藥球橫過身體，將肩膀轉向投擲方向。

4. 轉身拋投的力量會讓身體在拋出藥球後，順勢往拋球方向轉動。

參與肌群

主要肌群： 腹外斜肌、腹內斜肌、腹橫肌、多裂肌、臀大肌、臀中肌、股四頭肌 (股直肌、股外側肌、股中間肌、股內側肌)、旋轉肌袖。

輔助肌群： 腹直肌、豎脊肌 (棘肌、最長肌、髂肋肌)、臀大肌、闊筋膜張肌、內收大肌

動作要點

　　側向反向跳搭配轉體拋投可以模擬賽場上快速改變方向的動作，因為多數的方向改變都是由肩膀軀幹開始帶動。訓練初期可以先做短距離的側向跳躍，之後再增加跳躍距離來提高下肢肌群徵召，提升側向拋投的爆發力。運動員可以每下換拋投方向，或者完成一組再換組換邊。

變化動作

側蹦跳搭配轉體拋投

　　可以把雙腳側向跳躍的動作改成側向蹦跳，再搭配轉體拋投。蹦跳可以是快速短暫或長而有力的形式，這樣的變化方式可以強化單腳爆發力，增加改變方向的能力。

8.12 藥球前推搭配衝刺

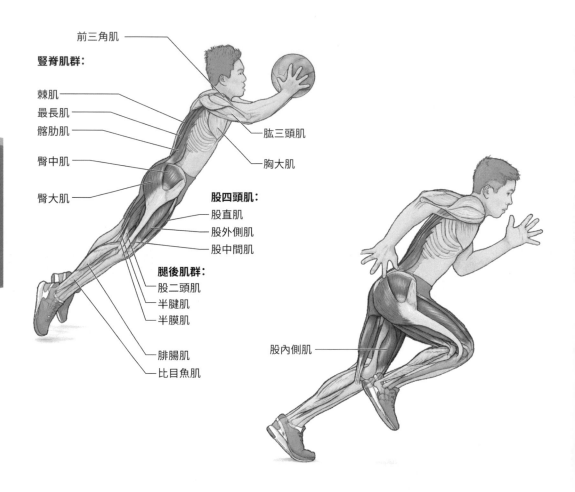

前三角肌

豎脊肌群:

棘肌

最長肌

髂肋肌

臀中肌

臀大肌

肱三頭肌

胸大肌

股四頭肌:

股直肌

股外側肌

股中間肌

腿後肌群:

股二頭肌

半腱肌

半膜肌

腓腸肌

比目魚肌

股內側肌

動作步驟

1. 雙腳保持骨盆寬度站立,雙手把藥球抓在胸口高度,準備做爆發性前推動作。

2. 抓好藥球做反向下蹲準備投擲,把身體重心轉移到前腳掌。

3. 下肢推蹬從腳踝到肩膀連成一線,把藥球向前強力推出。

4. 推出藥球後向前上步，並開始擺臂動作保持身體前傾的加速姿勢。

5. 開始衝刺加速 10-30 公尺，以最有效率的姿勢完成整段衝刺距離。

參與肌群

主要肌群： 豎脊肌 (棘肌、最長肌、髂肋肌)、臀大肌、臀中肌、股四頭肌 (股直肌、股外側肌、股中間肌、股內側肌)、腿後肌群 (股二頭肌、半腱肌、半膜肌)

輔助肌群： 前三角肌、胸大肌、肱三頭肌、腓腸肌、比目魚肌

動作要點

　　藥球前推搭配衝刺是最基礎的肌力與加速度複合式動作。克服藥球與身體向前跳躍的慣性，會讓衝刺動作更容易銜接進入加速期。對於許多運動來說，好的啟動是提高爆發力動作效率的關鍵，運動員在起始動作必須把藥球抓在胸口高度，配合下肢推蹬的力量快速推進身體並推出藥球，並掌握好接下來衝刺動作的第一下節奏。

變化動作

以起跑預備姿勢做藥球前推搭配衝刺

　　改成以起跑預備姿勢作藥球前推搭配衝刺，可以更貼近實際賽場上的情況。開始時雙腳前後錯開，讓後腳腳尖平行前腳腳跟，雙腳同時推蹬，這時候後腳較早離開地面，前腳則有較長的推蹬時間。以起跑方式起跳完成藥球前推，過程中一樣保持雙腿左右為骨盆寬度互相平行，前後差距約一個腳掌。

8.13 反向過頭拋投搭配衝刺

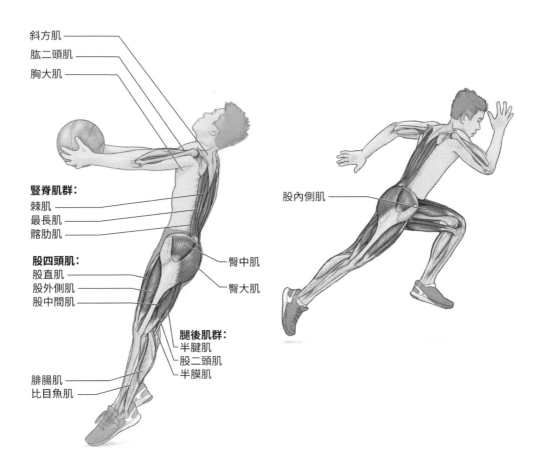

斜方肌
肱二頭肌
胸大肌

豎脊肌群：
棘肌
最長肌
髂肋肌

股四頭肌：
股直肌
股外側肌
股中間肌

臀中肌
臀大肌

腿後肌群：
半腱肌
股二頭肌
半膜肌

腓腸肌
比目魚肌

股內側肌

動作步驟

1. 雙腳保持骨盆寬度站立，背對投擲與衝刺方向，雙手伸直把藥球抓在腰部高度準備反向拋投。

2. 反向下蹲讓球下降到腳踝之間，下蹲時上半身保持挺直，脊柱維持中立。

3. 快速起跳，雙手伸直直到髖關節完全伸展，一旦身體完全伸展開來，雙手就繼續往上拉將藥球拋出，背部向後延伸讓球以 40-45 度角拋出。

4. 拋出藥球後，轉動頭部與肩膀面對衝刺方向，完成 180 度轉身後開始擺臂全力衝刺。

5. 加速完成 10-30 公尺的衝刺，過程中保持正確有效率的擺臂與步態。

參與肌群

主要肌群： 豎脊肌 (棘肌、最長肌、髂肋肌)、臀大肌、臀中肌、股四頭肌 (股直肌、股外側肌、股中間肌、股內側肌)、腿後肌群 (股二頭肌、半腱肌、半膜肌)

輔助肌群： 肱二頭肌、斜方肌、腓腸肌、比目魚肌

動作要點

　　反向過頭拋投的動作，結合爆發性上拉動作到衝刺的複合式訓練之中，相對於藥球前推是訓練身體前側肌群，反向拋投則著重在後側鏈的強化。快速轉身衝刺的動作，需要良好的身體控制與敏捷性。

變化動作

前跳反向拋投轉衝刺

　　在反向拋投衝刺之前可以再加入往前的跳躍動作，增加快速改變方向的難度。剛開始往前跳躍的動作不需要盡最大力量，等身體適應轉換方向與跳躍轉拋投的離心收縮時，再加大往前跳躍的距離。

8.14 轉體拋投搭配衝刺

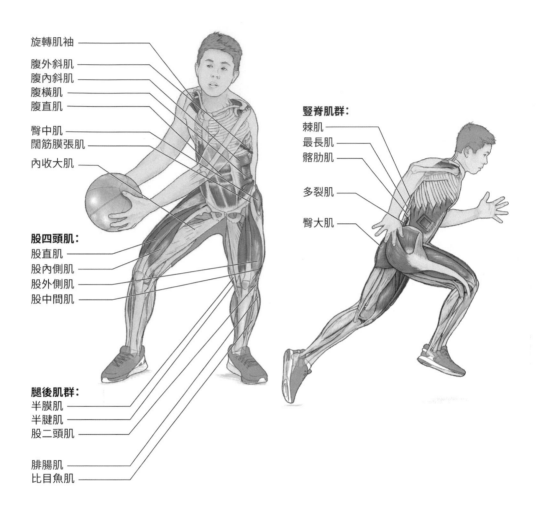

旋轉肌袖
腹外斜肌
腹內斜肌
腹橫肌
腹直肌
臀中肌
闊筋膜張肌
內收大肌

股四頭肌：
股直肌
股內側肌
股外側肌
股中間肌

腿後肌群：
半膜肌
半腱肌
股二頭肌

腓腸肌
比目魚肌

豎脊肌群：
棘肌
最長肌
髂肋肌

多裂肌

臀大肌

動作步驟

1. 站立保持雙腳與骨盆同寬，側身面對拋投與衝刺方向。把藥球抱在腰部高度準備作轉體拋投。

2. 把球拉向遠離目標的那一側，預先伸展核心與上肢肌群增加張力，準備強力轉體拋投。

3. 快速把球拉過身體前方往側面拋出，並轉動肩膀與軀幹 90 度面向衝刺方向。

4. 藉由轉體拋投的力量，把身體帶到面向衝刺方向，開始用力擺臂踏出第一步加速衝刺。

5. 完成 10-30 公尺的衝刺，並保持過程中適當的動作品質與效率。

參與肌群

主要肌群： 腹外斜肌、腹內斜肌、腹橫肌、腹直肌、多裂肌、股四頭肌 (股直肌、股外側肌、股中間肌、股內側肌)、旋轉肌袖、臀中肌、臀大肌

輔助肌群： 竪脊肌 (棘肌、最長肌、髂肋肌)、腿後肌群 (股二頭肌、半腱肌、半膜肌)、闊筋膜張肌、內收大肌、比目魚肌

動作要點

　側向轉體拋投搭配衝刺可以模擬賽場上常見的改變方向形式。透過藥球的側向拋投，可強化上半身帶動身體做方向改變的爆發力與速度。而側向拋投的力量必須借助下肢推蹬的反作用力，藉由地表往上經由下肢、核心傳到上肢的爆發力，來啟動接下來的起跑動作，以最快的速度完成側向拋投並順暢的轉換成衝刺動作，過程之中盡量減少多餘的動作。

變化動作

側向拋投搭配對向衝刺

　在完成側向拋投後，改成往拋投方向相反的位置衝刺，增加改變方向的難度。側拋動作可以短暫、快速來模擬快速變向動作，或者以較長、有爆發力的方式側拋來訓練衝刺前的轉向減速能力。不管哪種方式都需要平衡訓練身體兩側的轉體與衝刺，才能因應賽場上不固定的變化。

8.15 連續跳遠搭配衝刺

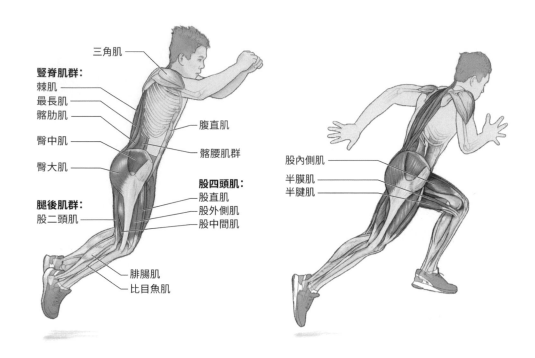

三角肌

豎脊肌群:
棘肌
最長肌
髂肋肌

臀中肌

臀大肌

腿後肌群:
股二頭肌

腹直肌

髂腰肌群

股四頭肌:
股直肌
股外側肌
股中間肌

腓腸肌
比目魚肌

股內側肌
半膜肌
半腱肌

動作步驟

1. 雙腳保持骨盆寬度,膝關節適度屈曲。藉由反向下蹲動作提高下肢張力,增加第一下跳遠動作爆發力,雙手用力向前延伸搭配爆發性伸髖力量把身體往前推進。

2. 雖然跳遠的重點在於水平距離,但還是盡量維持每下跳遠的起跳角度在 30 度左右。

3. 雙腳落在身體重心前方,讓向前的動力與速度可以繼續轉換到下一次跳遠。落地時以全腳掌平均觸地,由股四頭肌、臀部肌群與下背肌群吸收緩衝。

4. 連續的跳遠過程必須保持適當的膝屈角度，來確保安全緩衝以及產生下一次跳遠的動力，保持動作連貫減少水平速度與距離的損失。

5. 最後一下跳遠動作到衝刺的轉換，必須讓身體前傾來銜接衝刺的加速姿勢。完成約 10-30 公尺的衝刺距離，過程中維持適當的動作品質與效率。

參與肌群

主要肌群： 豎脊肌 (棘肌、最長肌、髂肋肌)、臀大肌、臀中肌、股四頭肌 (股直肌、股外側肌、股中間肌、股內側肌)、腿後肌群 (股二頭肌、半腱肌、半膜肌)

輔助肌群： 三角肌、腹直肌、髂腰肌、腓腸肌、比目魚肌

動作要點

連續的跳遠（建議 2-5 下）銜接衝刺動作，可以強化加速期的伸髖爆發力。跳遠動作必須盡最大力量但也要同時有效控制，讓跳遠的距離在衝刺前可以逐漸遞增。每下跳遠動作的觸地必須短暫快速來維持水平速度，且每下跳遠動作都需要盡力向前向上擺臂。最後一下跳遠到衝刺的轉換必須保持流暢，讓第一下腳步剛好在髖關節的正下方以便加速發力。前期的跳遠動作可以帶給衝刺中等程度的加速度做銜接。

變化動作

側向偏移跳遠搭配衝刺

跳遠搭配適度的側向偏移轉衝刺，可以模擬多方向的運動動作。側向偏移的幅度視專項需求決定，對於美式足球要閃避對方擒抱做衝刺，可做較大的側向偏移；而足球運動員的盤球切入，則以小範圍的側向偏移為主。

8.16 蹦跳搭配衝刺

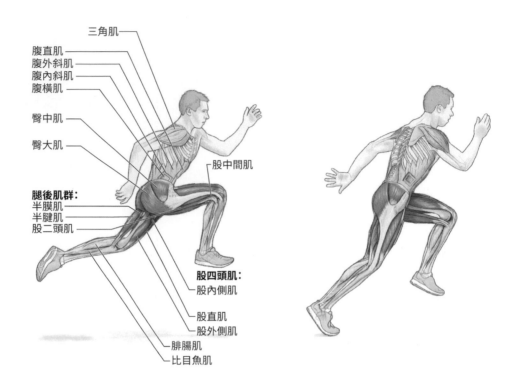

三角肌

腹直肌
腹外斜肌
腹內斜肌
腹橫肌

臀中肌

臀大肌

股中間肌

腿後肌群：
半膜肌
半腱肌
股二頭肌

股四頭肌：
股內側肌

股直肌
股外側肌

腓腸肌
比目魚肌

動作步驟

1. 其中一腳向前提膝，配合對側手向前擺臂，另一手維持平衡，另一腳往後延伸推蹬。

2. 前腳在騰空期準備轉動以中足掃向地面觸地，後腳準備越過著地腳繼續往前往上提膝。上肢保持和下肢相對的方向做擺臂。

3. 連續交替往前完成數次的蹦跳動作，過程中保持固定高度與距離，並維持最短的觸地時間。

4. 完成一定次數的蹦跳後開始加快步伐頻率，讓蹦跳的步態逐漸轉換成衝刺跑步的步態頻率。

5. 依照不同的訓練目的，由蹦跳到衝刺的步態轉換約在 10-30 公尺內的距離完成。要注意動作的轉換保持順暢，不要有任何突發的姿勢、動作或速度變化。

參與肌群

主要肌群： 豎脊肌 (棘肌、最長肌、髂肋肌)、臀大肌、臀中肌、股四頭肌 (股直肌、股外側肌、股中間肌、股內側肌)、腿後肌群 (股二頭肌、半腱肌、半膜肌)

輔助肌群： 三角肌、腹外斜肌、腹內斜肌、腹橫肌、腹直肌、腓腸肌、比目魚肌

動作要點

結合換腳蹦跳與全速衝刺的轉換，可以訓練腳步的爆發力並在長期訓練下增加步幅。運動員可以藉此學習蹦跳與衝刺在技巧、步幅大小變化與步伐頻率的相對關係。注意讓兩個動作以漸進的方式互相轉換，中途不要有任何停頓。

變化動作

側偏移蹦跳搭配衝刺

側偏移蹦跳搭配衝刺可以增加訓練變化性。側偏移的蹦跳動作可以模擬許多專項的敏捷動作，依照不同的訓練目的，側偏移蹦跳與衝刺的轉換可以是漸進方式或者突然切換動作。如果要模擬專項運動，可以用 5 公尺的側偏移蹦跳搭配 10 公尺的全速衝刺，這樣的方式可以模擬籃球運動員在做側向跟防時，快速轉換抄截的動作需求。

8.17 低欄跳搭配衝刺

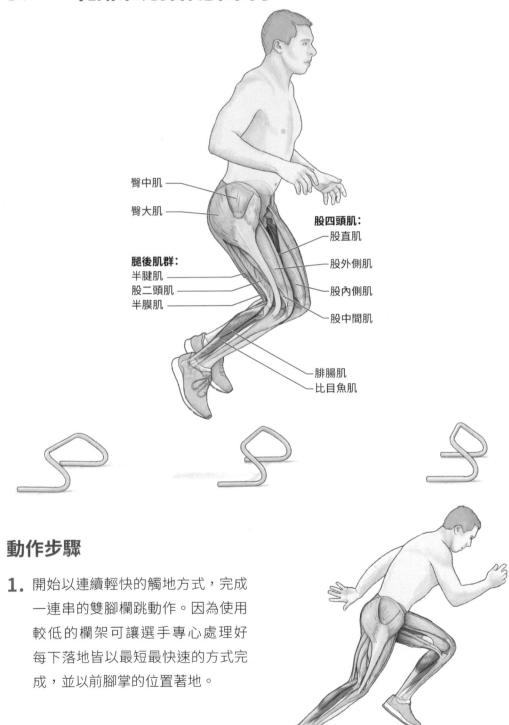

臀中肌

臀大肌

股四頭肌：
股直肌

股外側肌

腿後肌群：
半腱肌
股二頭肌
半膜肌

股內側肌

股中間肌

腓腸肌
比目魚肌

動作步驟

1. 開始以連續輕快的觸地方式，完成一連串的雙腳欄跳動作。因為使用較低的欄架可讓選手專心處理好每下落地皆以最短最快速的方式完成，並以前腳掌的位置著地。

2. 以快速但有節奏的方式配合小範圍的快速擺臂完成欄跳，過程中維持較高的身體姿勢。

3. 每下的欄跳集中在維持水平加速，避免浪費多餘的力量在垂直方向。

4. 跳過最後一個欄架時，採前後分腿方式落地開始衝刺，身體配合微微向前傾斜幫助衝刺加速。

5. 完成 10-30 公尺的衝刺距離，過程中維持適當的動作品質與效率。

參與肌群

主要肌群： 腓腸肌、比目魚肌

輔助肌群： 臀大肌、臀中肌、股四頭肌 (股直肌、股外側肌、股中間肌、股內側肌)、腿後肌群 (股二頭肌、半腱肌、半膜肌)

動作要點

透過低欄架的連續跳躍搭配衝刺，可以讓小腿肌群預先適應短暫快速的觸地方式。欄跳時小腿快速的縮放方式，可以為接下來的衝刺動作做好暖身準備。欄架距離必須相對較近，但仍要保留足夠的落地空間。

團隊運動項目可以擺放 2 到 3 排的欄架做競賽遊戲，看誰能最快完成連續欄跳與衝刺。

變化動作

變向低欄跳搭配衝刺

搭配不同方位的低欄架擺放，讓選手做出前後與側向的移動適應多方向運動，再搭配全速衝刺。欄架可以有許多不同的排列組合，但要確保衝刺前的欄跳次數不要過多。整組動作包含衝刺的時間最好在 8 秒以內以維持速度品質，並給予充分組間休息時間。

8.18 高欄跳搭配衝刺

臀中肌

臀大肌

腹直肌

腿後肌群：
股二頭肌
半腱肌
半膜肌

股四頭肌：
股直肌

股外側肌

股內側肌

股中間肌

比目魚肌
腓腸肌

動作步驟

1. 高欄跳在起跳、騰空與落地的負荷較大，起跳動作必須要全力伸髖產生足夠的跳躍高度飛過欄架，配合上肢用力擺臂增加動力。

2. 騰空時搭配提膝動作如同收腿跳的方式，增加欄架和腳掌的安全距離。

3. 落地時腳踝背屈並用前腳掌著地，快速與彈性的觸地可以確保連續跳躍的高度。

4. 跳過最後一個欄架時，以分腿方式落地準備開始衝刺。

5. 完成 10-30 公尺的加速衝刺距離，過程中維持適當的動作品質與效率。

參與肌群

主要肌群： 臀大肌、臀中肌、股四頭肌 (股直肌、股外側肌、股中間肌、股內側肌)、腓腸肌、比目魚肌

輔助肌群： 腹直肌、髂腰肌群 (腰大肌、腰小肌、髂肌)、腿後肌群 (股二頭肌、半腱肌、半膜肌)

動作要點

　　高欄跳搭配衝刺可以激發下肢最大程度的爆發力。雖然高欄跳的觸地時間相對比衝刺較長，但透過高欄跳可以訓練到改變方向時的減速能力等特質。雖然一般欄跳訓練大約會以 10 個欄架為一組，但在衝刺動作之前以 5 個以內的欄架較為安全且能確保動作品質。

變化動作

高欄跳搭配衝刺外加負重背心或腰帶

　　額外增加小的負重，可以加強跳躍與衝刺的爆發力訓練。建議可以用負重背心或腰帶增加 5-10 磅的重量，或許乍看之下是很輕的重量，但在連續的跳躍與衝刺之中就會開始感到吃力。負重能增加跳躍與衝刺在垂直方向的爆發力，在 2-3 組的負重訓練後可以試著脫掉重物，會感覺到身體特別輕盈且更有力量。

8.19 側向欄跳搭配衝刺

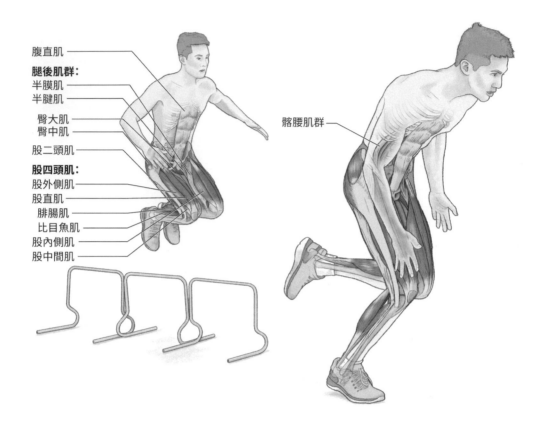

腹直肌

腿後肌群：
半膜肌
半腱肌

臀大肌
臀中肌

股二頭肌

股四頭肌：
股外側肌
股直肌
腓腸肌
比目魚肌
股內側肌
股中間肌

髂腰肌群

動作步驟

1. 把欄架左右相連成一線，以左右來回側跳越過欄架的方式前進。

2. 以 Z 字型的方式作欄跳前進，依照不同欄架高度在騰空時可能需要提膝收髖來增加高度。

3. 保持快速短暫的觸地，利用小腿與腳掌的彈性位能，上肢以有節奏的方式向上擺臂協助跳躍動作。

4. 完成最後一下欄跳後直線衝刺 10-30 公尺。

參與肌群

主要肌群： 臀大肌、臀中肌、股四頭肌 (股直肌、股外側肌、股中間肌、股內側肌)、腓腸肌、比目魚肌

輔助肌群： 腹直肌、髂腰肌群 (腰大肌、腰小肌、髂肌)、腿後肌群 (股二頭肌、半腱肌、半膜肌)

動作要點

可以依照訓練目的使用不同高度的欄架來做側向欄跳，低欄架幫助你維持快速觸地與挺直上半身，高欄架則需要有足夠的髖部屈曲與跳躍高度並同樣維持彈性觸地，兩種方式最後都搭配直線 10-30 公尺衝刺。每組大約做 6 次欄跳後衝刺，重點在於模擬爆發性的側向移動與全速前進，在英式橄欖球等項目中相當實用。

變化動作

側向單腳欄跳搭配衝刺

同樣以低欄架相連排列做單腳側向欄跳後銜接衝刺。因為單腳的負荷較高，因此必須減少每組的跳躍次數，通常建議每組欄跳不多於 5 下。這種變化方式有效強化小腿腳掌肌群，並訓練改變方向所需的爆發力與敏捷性。

MEMO

9 防傷訓練與復健

在運動醫學領域中，防傷訓練與復健常常相互連結且有許多共通之處，在做任何訓練最首要的原則都是避免受傷。和傷害預防與復健相關的增強式訓練，同樣包含各種速度、強度、高度與方向變化，在執行任何訓練計畫之前都必須要考量年齡、運動層級、傷害病史、訓練經歷與運動專項特殊性等因素，此外在從事任何進階訓練之前，都必須建立基礎肌力與定期監控表現。

以運動員的角度來看，要達到傷害預防必須涵蓋關節活動度、動作穩定性、訓練量、肌力、爆發力、速度與耐力等生理因素。要訂定完整的防傷訓練計畫則必須具備生物學、解剖學、生理學、動力學、生物力學與運動專項技術的專業與了解才能完成。有關運動傷害的復健要能了解人體的組織癒合進程、手術介入的影響以及復健基本原則，而不論是防傷訓練或復健都有以下共同目標：讓運動員透過訓練，可以符合並且承受該運動專項的生理需求。

多數的增強式動作常做為防傷訓練或復健計畫中，用來評估傷害風險的方式之一。增強式動作在評估健康族群傷害風險，以及運動員傷後回場限制因子相當有鑑別度。本章會介紹基本增強式傷害評估方式以及傷後復健計畫的進程。

9.1 防傷訓練

在過去研究證實，增強式訓練能有效改善神經肌肉缺損以及預防傷害 (Chu and Cordier 2000)。做為一名運動員，你必須學習並且掌握正確的起跑、煞車、跑步、切入、跳躍、落地以及任何動作下的身體控制能力。

在防傷訓練中的增強式動作，必須能主動提供身體適當的壓力，讓運動員學習如何控制軀幹增加核心穩定性、動作技巧、肌力與爆發力，來因應更高強度的競賽或訓練。

許多有關增強式訓練與傷害預防的研究均顯示，介入增強式訓練可以減少前十字韌帶 (ACL) 損傷，其中更有數篇顯示增強式的神經肌肉訓練，可以降低女性前十字韌帶受傷風險 (Hewett 1999; Hewett, Myer and Ford 2006; Hewett, Di Stasi and Myer 2013; Ladenhauf, Graziano and Marx 2013)。除此之外也有研究指出，這種訓練方式有助於增進運動表現 (Hewett, Di Stasi and Myer 2013; Myer et al 2005)。

前十字韌帶的防傷訓練，主要著重在以正確的技巧與動作控制執行跳躍、彈跳、蹦跳、落地、減速與起跑動作，透過增強式動作的學習，可以讓運動員學會在各個運動平面下穩定地控制身體重心，進而減少下肢肌肉關節壓力。

對於經常容易受傷的運動員，可以透過增強式動作來評估可能有問題的動作模式、肌肉失衡、肌力缺損、核心控制不良等其他潛在風險。增強式動作的評估，可以幫助建立防傷訓練計畫的框架。過去研究認為前十字韌帶損傷主要有 4 種可能的神經肌肉失調問題：1. 韌帶導向、2. 股四頭肌導向、3. 慣用腳導向、4. 軀幹導向 (Hewett et al 2010)。

1. **韌帶導向**的運動員在動作控制時，傾向依賴韌帶而非肌肉系統來做維持穩定，在落地時會出現兩腳膝蓋向內靠近的膝外翻現象,這種類型的運動員無法適當控制髖部肌群協助緩衝 (主要落地緩衝的組織包含臀部肌群、股四頭肌、腿後肌與小腿肌群),導致髖膝踝三關節動力鏈的崩解,對關節造成額外壓力。如果無法藉由髖關節和核心軀幹做緩衝,就會導致膝關節以向內靠近、向外翻的方式做代償。

2. **股四頭肌導向**的運動員會傾向依賴股四頭肌肌力在膝關節做穩定控制。以股四頭肌主導的穩定效果只會集中在膝蓋前側,因此無法完全應用到三個運動平面的動作控制。這些運動員在做跳躍落地時會有膝蓋晃動的現象。通常落地時膝屈角度過小或以全腳掌落地,也是股四頭肌導向常見的情況。由於運動三個平面的穩定主要來自髖部肌群對股骨的控制,因此對於股四頭肌導向的運動員來說,加強運用下肢後側動力鏈是主要的改善目標。

3. **慣用腳導向**的運動員在肌力、協調與控制上會有左右腳不平衡的現象,但一側的肢體或肌群主導動作的產生會破壞原本人體自然的平衡,肌肉發展失衡或肌力不對稱都會導致整體穩定性的下降,增加受傷風險。

4. **軀幹導向**的運動員通常會有軀幹控制與核心肌群協調的問題,當這些現象發生在跳躍與落地動作時,就會導致地面的反作用力因為軀幹多餘的動作無法有效被緩衝,進而增加膝關節韌帶的扭力與負荷。

相對於下肢的增強式動作來說,有關上肢增強式動作與防傷訓練的研究就少了很多,在近期才有專家開始探討。理論上增強式動作可以涵蓋上肢與核心在運動中多數必備的功能與健康元素,多數的上肢增強式動作是透過藥球或類似的負重物來執行。

當進行這些訓練動作時,會需要配合地面反作用力來加強動作表現,同時也讓運動員學習如何運動全身上下動力鏈的串連來執行功能性動作。同時增強式動作也包含相當多的離心肌力訓練如何控制關節做減速緩衝,這也是防傷訓練的重要元素之一。

而有關防傷訓練的上肢增強式動作也遵循著相同的原則,在參與任何進階動作之前,必須先建立基礎肌力與協調控制能力。訓練動作本身必須有一定程度的強度,才能讓運動員產生足夠的適應與進步,學習如何控制軀幹與穩定核心,進而完成目標的動作表現。

要有好的肩關節運動功能,必須建立良好的肩胛骨穩定性、旋轉肌袖的活動度與肌力以及良好胸椎活動度(見圖 9.1 肩胛骨周圍肌群與旋轉肌袖)。肩胛骨扮演手臂動作的穩定基石,而穩定肩胛骨(包含斜方肌、菱形肌、前鋸肌、提肩胛肌、背闊肌)的技巧,必須要能有效控制肩胛骨動作,讓上肢可以發揮肌力與爆發力。

而旋轉肌袖(包含棘上肌、棘下肌、小圓肌與肩胛下肌)的主要目的,則是讓肱骨頭可以穩定維持在肩胛骨盂唇之內。強壯的旋轉肌袖可以讓盂肱關節有相對高的穩定度,來產生強力的動作,而良好的胸椎活動度則可以幫助肩胛骨穩定以及盂肱關節活動效率,並有助於維持良好的肩胛肱骨節律 (scapulohumeral rhythm),以及神經肌肉控制減少代償。

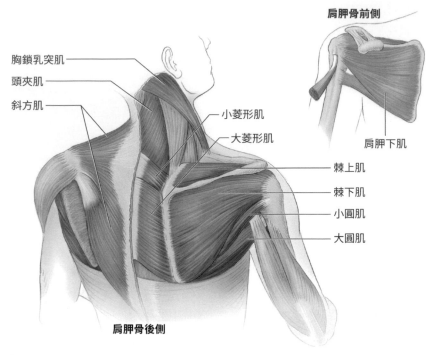

圖 9.1 　肩胛骨周圍肌群與旋轉肌袖

9.2 傷後復健計畫

　　復健計畫與人體的組織癒合息息相關，受傷的關節或軟組織由於結構受損，無法承受一般組織所負荷的運動量與強度，在進行復健時要避免操之過急反而破壞組織癒合環境。復健計畫必須要能讓運動員成功回場且維持甚至表現進步，在這之前運動員必須先建立基本的功能穩定性與向心、等長與離心肌力，以降低再次受傷的可能性。

　　在訂定復健計畫時，針對增強式動作可以有相當多的動作選擇，因此防護員或治療師必須盡可能讓計畫精簡有目的性，在過程中必須定期監控訓練量、訓練強度、訓練頻率與恢復時間，甚至每次的訓練都可以做為一種評估方式，一旦運動員在訓練過後出現疼痛、腫脹或過度疲勞等風險徵兆都必須要格外注意。

在執行任何負重訓練之前，務必先評估以自身體重訓練的動作品質。要避免出現風險徵兆有幾個簡單的漸進原則，動作必須由簡單到困難、簡易到複雜、由慢到快的方式做漸進。要讓運動員能夠先完成雙側訓練動作，再進階到健側單邊動作，最後才訓練患側單邊動作。當然所有的復健計畫，都要能因應選手現階段的生理、心理狀態來調整進階或退階不同難度的增強式動作。

防護員或治療師也可以使用特定的增強式動作來評估運動員的回場情形，但請注意回場的判斷必須同時納入其他評估因素，建議可以和相關的增強式動作做結合，來提高評估的準確性。

9.3 防傷訓練與復健計畫評估

藉由增強式動作的評估，可了解運動員的動作品質、肌力、爆發力、穩定性與肌肉對稱情形等重要資訊，這些資訊都是建立增強式訓練計畫的重要參考依據。前面章節所提到的落地跳與反向跳等動作，都可以同時做為防傷訓練與評估後的復健訓練動作。

針對下肢的傷害風險評估，如果有符合以下所描述的任何危險因子，都會提高下肢傷害的風險機率：

韌帶導向

- 落地時雙膝互碰或者膝關節向內移動
- 膝蓋超過腳尖
- 落地雙腳間距過窄

股四頭肌導向

- 落地時關節屈曲角度過少
- 落地聲響過大

軀幹導向

- 落地失去平衡
- 不能維持動作身體平衡

- 雙腳跳躍最高點大腿無法平行
- 落地與起跳位置不同

慣用腳導向

- 某側腳彈跳距離顯著較遠
- 騰空期雙腳動作不對稱
- 落地時雙腳落點不對稱

9.4 傷後復健的增強式漸進進程

在受傷的情況下，要在介入增強式復健動作最簡單的方式之一，就是透過水中（泳池）訓練來完成。水中訓練對於傷後復健有相當多的優點，因為水中的浮力與水壓可以減輕身體重量，並且促進靜脈血液回流減少傷處腫脹。

在水中訓練相對可以延長時間與增加安全性，來強化有氧能力與肌力。如果有手術傷口，必須等到完全癒合再進行水中訓練以免感染。建議以水深及胸的深度做次最大強度的訓練動作。次最大強度的訓練有助於重建肌肉肌腱與韌帶強度，並恢復部分的運動能力，可以在沒有任何發炎疼痛症狀的情況下盡量訓練，但建議兩次訓練間相隔 24-48 小時來確保充足的恢復時間。隨著肌力上升可以把水深降到腰部高度，最後再漸進到陸上訓練。

水中增強式復健基本漸進方式

1. 原地蹲踞跳：每次 2-3 組，每組 30 下
2. 原地前後來回跳：每次 2-3 組，每組 30 下
3. 原地左右來回跳：每次 2-3 組，每組 30 下
4. 直線跳遠：每次 2-3 組，每組 20 下
5. 側向跳遠：每次 2-3 組，每組 20 下
6. 原地抬腿跳：每次 2-3 組，每組 30 下
7. 直線抬腿跳：每次 2-3 組，每組 20 下

8. 側向抬腿跳：每次 2-3 組，每組 20 下

9. 原地單腳彈跳：每次 2-3 組，每組 30 下

10. 原地前後單腳彈跳：每次 2-3 組，每組 30 下

11. 原地左右單腳彈跳：每次 2-3 組，每組 30 下

12. 直線單腳彈跳：每次 2-3 組，每組 20 下

13. 側向單腳彈跳：每次 2-3 組，每組 20 下

14. 直線蹦跳：每次 2-3 組，每組 10 下

15. 側向蹦跳：每次2-3組，每組10下

16. Z 字型形蹦跳：每次 2-3 組，每組 10 下

　　所有的動作都必須要在沒有疼痛腫脹的狀態下完成，才可以進階到下個動作。訓練前後與過程中要不斷監控疼痛腫脹情形，這裡設定的最理想狀態是可以一口氣完成每組的反覆次數再休息，但對於復健的選手在中途有停頓是屬於正常現象。

9.5 陸上基礎跳躍與彈跳增強式復健進程

　　進階到陸上復健時，仍先以次最大強度的訓練動作為主。剛開始可以藉由軟墊或較安全的訓練場地來減少關節的壓力與剪力。下列的 1~3 為低強度增強式動作；4~7 則屬於中等強度；8~11 則是較高強度的訓練動作。

　　一般而言在初期訓練，頻率建議每週兩次，組數取決於選擇的復健動作與運動員現在的復健情形，必須要能精準判斷訓練量才能避免發炎反應。等運動員完全適應後再進階到較硬的訓練場地，並提高訓練量與訓練強度來恢復肌力、爆發力、動作控制與耐力。注意一旦在課表上有所進階，調整時都要注意是否能讓運動員有充足的恢復時間，訓練恢復不足，只會增加疲勞而造成反效果。

　　一旦可以盡全力動作時，就可以試著提高訓練強度與訓練量，恢復時間建議可以到 72 小時，來給予軟組織和中樞神經系統充分休息。整體復健的重點在於維持復健訓練與組織癒合良好的線性關係。

以復健角度來說，訓練計畫的進程安排必須有先後順序，相同的動作由雙腳進階到單腳，由健側腳進階到患側腳的方式。下列的復健動作可以搭配彈力帶、不同高度的欄架與跳箱，並調整安全適合的反覆次數。

1. 雙腳或單腳彈力帶的腿部推蹬：每次 2-3 組，每組 6-8 下

2. 直線雙腳跳躍或單腳彈跳後定住：每次 2-3 組，每組 6-8 下

3. 次最大強度的雙腳跳遠或單腳彈跳：每次 2-3 組，每組 8-10 下

4. 雙腳欄跳或單腳彈跳後定住 (6 寸欄架)：每次 2-3 組，每組 3-5 下

5. 雙腳欄跳或單腳彈跳後原地跳躍 (6 寸欄架)：每次 2-3 組，每組 3-5 下

6. 連續雙腳欄跳或連續單腳彈跳 (6 寸欄架)：每次 2-3 組，每組 3-5 下

7. 蹲踞跳箱跳 (9-12 寸跳箱) 或單腳箱跳 (6-9 寸跳箱)：每次 2-3 組，每組 3-4 下

8. 反向跳或單腳彈跳後定住：每次 2-3 組，每組 3-4 下

9. 立定跳遠或單腳彈跳後定住：每次 2-3 組，每組 2-3 下

10. 落地跳 (12-18 寸跳箱)：每次 2-3 組，每組 2-3 下

11. 深跳 (12-18 寸跳箱)：每次 2-3 組，每組 2-3 下

9.6 單手上肢增強式復健進程

上肢的增強式復健動作同樣是以次最大強度開始訓練，訓練頻率初期以每週兩次，依照個人狀況與復健情形作調整。動作主要由獨立性動作進階到功能性動作，以最輕重量的藥球做 2-3 組，每組 10 下的反覆動作：

1. 俯臥外轉接球

2. 半跪姿藥球托球

3. 半跪姿外轉拋球

4. 半跪姿反向接球

5. 半跪姿反向接球轉身

當適應基礎訓練後，再提升訓練量與訓練強度來恢復肌力、爆發力、動作控制與肌耐力。如同下肢復健準則，要能讓復健計畫與組織癒合之間維持良好線性關係。

作者介紹

Derek Hansen MASc及CSCS認證。於 1988 年開始從事力量、速度與爆發力相關的運動科學研究。最早是一名田徑教練,希望可以幫助各個項目的選手,主要以改善選手動作速度為主。Hansen 做為教練與運動顧問,曾經與許多頂尖運動員如奧運獎牌得主、世界紀錄保持人、加拿大國家隊運動員與專業運動團隊,和不同專項的頂級運動員有合作經驗。曾經在英國哥倫比亞培育出許多短跑選手,現在也仍然和許多世界數一數二快的運動員合作。

Hansen 同時也是美式足球聯盟 NFL、美國職業籃球聯盟 NBA、美國冰上曲棍球聯盟 NHL、美國職棒大聯盟 MLB、美國足球聯盟 MLS、美國大學運動一級聯盟 NCAA Division 1 等機構的運動表現顧問與復健專家。在 2003-2016 年間任職西門菲沙大學的肌力與體能教練。Hansen 在各個工作職位都曾協助非賽季增強式訓練的介入方式與時間點、賽季中肌力維持與傷後回場評估的任務。

Steve Kennelly MEd, ATC, CSCS 認證。曾在紐約美式足球巨人隊醫療團隊服務 25 個賽季,現在則擔任該隊的首席助理防護員,在專業領域的表現受到美國美式足球聯盟 2012 年年度最佳防護員的肯定。從 1999 年開始就是巨人隊的防護團隊一員。

Kennelly 身兼防護員以及肌力與體能教練,曾經主持過國家美式足球聯盟、職業足球運動聯盟、美國運動傷害防護協會與紐澤西運動防護員工會的醫療專題講座與擔任顧問。2013 年 Kennelly 整合傷害預防、運動表現、傷後復健與生理訓練的專業,成立 Kennelly 運動防護醫學團隊,期許能教育教練、運動員與家長由基礎到進階的動作訓練技術。

參考資料

Abbott, B.C., and Aubert, X.M. 1952. The force exerted by active striated muscle during and after change of length. *Journal of Physiology,* 117: 77-86.

Bompa, T.O. 1993. *Power training for sport: Plyometrics for maximum power development.* Oakville, ON: Mosaic Press.

Bosco, C., and Komi, P.V. 1979. Mechanical characteristics and fiber composition of human leg extensor muscles. *European Journal of Applied Physiology* 41: 275-284.

Cavagna, G.A. 1977. Storage and utilization of elastic energy in skeletal muscle. *Exercise and Sport Science Review,* 5: 89-129.

Chu, D.A. 1984. Jumping into plyometrics. *NSCA Journal,* 6(6):51.

Chu, D.A., and Cordier, D.J. 2000. Plyometrics in rehabilitation. In *Knee ligament rehabilitation,* edited by T.S. Ellenbecker. New York, NY: Churchill Livingstone.

Chu, D.A. and Myer, G.D. 2013. *Plyometrics.* Champaign, IL: Human Kinetics.

Comyns, T.M., Harrison, A.J., and Hennessy, L.K. 2011. An investigation into the recovery process of a maximum stretch-shortening cycle fatigue protocol on drop and rebound jumps. *Journal of Strength and Conditioning Research,* 25(8): 2177-2184.

De Villarreal, E.S., Requena, B., and Newton, R.U. 2010. Does plyometric training improve strength performance? A meta-analysis. *Journal of Science and Medicine in Sport,* 13: 513-522.

Ebben, W.P., Carroll, R.M., and Simenz, C.J. 2004. Strength and conditioning practices of National Hockey League strength and conditioning coaches. *Journal of Strength and Conditioning Research,* 18: 889–897.

Ebben, W.P., Hintz, M.J., and Simenz, C.J. 2005. Strength and conditioning practices of Major League Baseball strength and conditioning coaches. *Journal of Strength and Conditioning Research,* 19: 538–546.

Enoka, R. 1997. Neural adaptations with chronic physical activity. *Journal of Biomechanics,* 30(5): 447-455.

Fukutani, A., Kurihara, T., and Isaka, T. 2015. Factors of force potentiation induced by stretch-shortening cycle in plantarflexors. *PLoS ONE,* 10(6): e0120579.

Herzog, W., and Leonard, T.R. 2000. The history dependence of force production in mammalian skeletal muscle following stretch-shortening and shortening-stretch cycles. *Journal of Biomechanics,* 33: 531-542.

Hewett, T.E., Di Stasi, S.L, and Myer, G.D. 2013. Current concepts for injury prevention in athletes after anterior cruciate ligament reconstruction. *American Journal of Sports Medicine* 41(1): 216–224.

Hewett, T.E., Ford, K.R., Hoogenboom, B.J., and Myer, G.D. 2010. Understanding and preventing ACL injuries: Current biomechanical and epidemiologic considerations—update 2010. *North American Journal of Sports Physical Therapy* 5(4): 234–251.

Hewett, T.E., Lindenfeld, T.N., Riccobene, J.V., and Noyes, F.N. 1999. The effect of neuromuscular training on the incidence of knee injury in female athletes: A prospective study. *American Journal of Sports Medicine* 27(6): 699–706.

Hewett, T.E., Myer, G.D., and Ford, K.R. 2006. Anterior cruciate ligament injuries in female athletes. Part I: Mechanisms and risk factors. *American Journal of Sports Medicine* 34(2): 299–311.

Hill, A.V. 1950. The series elastic component of muscle. *Royal Proceedings of the Royal Society of London.* Series B (137): 273-280.

Holcomb, W.R., Kleiner, D.M., and Chu, D.A. 1998. Plyometrics: Considerations for safe and effective training. *NSCA Journal of Strength and Conditioning*, 20(3): 36-41.

Komi, P.V. 1984. Physiological and biomechanical correlates of muscle function: Effects of muscle structure and stretch-shortening cycle on force and speed. *Exercise and Sports Sciences Reviews/ACSM*, 12: 81-121.

Komi, P.V. 2000. Stretch-shortening cycle: A powerful model to study normal and fatigued muscle. *Journal of Biomechanics,* 33(10): 1197-1206.

Ladenhauf, H.N., Graziano, J., and Marx, R.G. 2013. Anterior cruciate ligament prevention strategies: Are they effective in young athletes? Current concepts and review of literature. *Current Opinion in Pediatrics* 25(1): 64–71.

Myer, G.D., Ford, K.R., Palumbo, J.P., and Hewett, T.E. 2005. Neuromuscular training improves performance and lower-extremity biomechanics in female athletes. *Journal of Strength and Conditioning Research* 19(1): 51–60.

Nardone, M., and Schieppati, M. 1988. Shift of activity from slow to fast muscle during voluntary lengthening contractions of the triceps surae muscles in humans. *Journal of Physiology,* 395: 363-381.

Radcliffe, J.C., and Farentinos, R.C. 1985. *Plyometrics: Explosive power training* (2nd edition). Champaign, IL: Human Kinetics.

Rassier, D.E., Herzog, W., Wakeling, J., and Syme, D.A. 2003. Stretch-induced steady state force enhancement in single skeletal muscle fibers exceeds the isometric force at optimum fiber lengths. *Journal of Biomechanics,* 36: 1309-1316.

Saunders, P.U., Telford, R.D., and Pyne, D.B. 2006. Short-term plyometric training improves running economy in highly trained middle and long distance runners. *Journal of Strength and Conditioning Research,* November, 20(4): 947-954.

Simenz, C.J., Dugan, C.A., and Ebben, W.P. 2005. Strength and conditioning practices of National Basketball Association strength and conditioning coaches. *Journal of Strength and Conditioning Research*, 19: 495–504.

Spudich, J.A. 2001. The myosin swinging cross-bridge model. *Nature Reviews Molecular Cell Biology,* 2(5): 387-392.

Spurrs, R.W., Murphy, A.J., and Watsford, M.L. 2003. The effect of plyometric training on distance running performance. *European Journal of Applied Physiology* 89(1): 1-7.

Verkhoshansky, Y. 1969. Perspectives in the improvement of speed-strength preparation in jumpers. *Yessis Review of Soviet Physical Education and Sports,* 4(2): 28-29.

Verkhoshansky, Y. 1973. Depth jumping in the training of jumpers. *Track Technique,* 41: 1618-1619.

Wilson, G.J., Elliott, B.C., and Wood, G.A. 1991. The effect on performance of imposing a delay during a stretch-shorten cycle movement. *Journal of Medicine and Science in Sport and Exercise,* 23(3): 364-370.

Wilt, F. 1975. Plyometrics: What is it now and how it works. *Athletic Journal,* 55(5):76, 89-90.